월급쟁이 조 과장은 어떻게 건물주가 됐을까?

부동산 투자, 농사짓듯 하라

조훈희 지음

체인지업
CHANGEUP

땀흘린 만큼 얻는
부동산 농사 투자법

"그래서 집값이 오른다는 거야, 떨어진다는 거야?"
"어디 사면 돼? 너 부동산 잘 알잖아. 하나 찍어줘 봐."

오랜만에 만난 선배가 내게 물었다. 대학생 시절부터 알고 지낸 선배는 특별한 날도 아닌데 한 끼에 십만 원도 넘는 식당으로 나를 불러 법인카드로 계산할 테니 부담 갖지 말라고 안심까지 시켜줬다. 누구나 다 아는 대기업에서 억대 연봉을 받는 선배 앞에는 가죽으로 감싼 독일제 차 키와 반짝이는 로고가 크게 박힌 프랑스제 지갑이 놓여 있었다. 그날따라 선배의 금색 안경테가 유난히 빛났다.

"오를지 떨어질지만 알려줘. 아니다, 그냥 나한테 어디가 좋은지 하나만 말해봐. 네가 말해준 대로 가서 투자할게."

"네? 갑자기요? 선배님, 부동산 전망을 꿰뚫는 건 점쟁이도 몰라요. 가격 등락에 영향을 주는 변수가 얼마나 많은데요."

"너 부동산으로 박사 학위 받고 대학원에서 수업까지 한다며. 투자로 돈 많이 벌었다는 소문 다 듣고 왔어. 나 섭섭하게 하지 말고, 내가 오늘 왜 너를 불렀겠냐? 다 말해 주기 힘들면 네가 뭘 사서 돈 벌었는지 하나만 살짝 말해 봐."

"저 대학생 때부터 아르바이트했잖아요. 지금도 회사 다니고 있고요. 소문을 어떻게 들으셨는지 몰라도 저 부동산 투자해서 엄청 큰 부자가 되지도 않았어요. 그렇게 큰 부자가 되었으면 지금 회사를 왜 다녀요. 잘 아시면서 그래요."

"아, 진짜 장난하냐? 난 대학 안 나왔고, 회사 안 다니냐? 너 자꾸 말 돌릴래?"

"선배, 한순간에 돈을 벌 수 있는 수단은 로또밖에 없어요. 부동산도 마찬가지예요. 아파트 하나로 갑자기 돈 버는 건 로또 1등 되는 거나 다름없어요. 전체적으로 오르는 시장에서 우연히 그 물건을 갖고 있었던 덕이죠. 부동산은 투자 금액이 커서 남이 찍어주는 물건을 가진 돈 다 털어서 샀다가 혹시나 잘못되기라도 하면 돌이키기가 너무 힘들어요. 일확천금을 노리지 말고 꾸준히 공부하면서 작은 것부터 조금씩 투자해 나가는 게 좋아요."

내가 선배를 소중하게 생각하지 않았다면 이렇게까지 이야기하지도 않았을 것이다. 실제로 내가 부동산 투자를 한다는 사실을 아는 사람은 극소수고, 인터넷 부동산 카페에서도 다른 사람들의 경험담을 재미로 읽을 뿐, 따로 글을 쓰거나 투자 내역을 밝힌 적도 없었다. 심지어 강의 요청이 들어왔을 때도 부동산 이론에 대해서만 설명했으며, 입지나 시장 전망에 대해서는 언급조차 하지 않았다.

물론, 과거에 많이 올랐던 지역이나 누가 봐도 교통과 학군이 좋은 지역, 그것도 아니면 그 지역에서 가장 비싼 아파트를 선배에게 추천해 줄 수도 있었다. 혹은 내가 알고 있는 고급 정보를 추가 비용을 받는 조건으로 알려줄 수도 있었다.

그러나 부동산 시장에서 '나만 알고 있는 고급 정보'는 없다고 봐도 무방하다. 설령 그런 정보가 있다 하더라도 꽁꽁 숨기고서 조용히 돈을 벌지, 선뜻 남에게 알려주지는 않을 것이다. 어쨌든, 대학교 시절부터 나는 이 선배에게 많은 도움을 받아 왔기에 조금이나마 도움을 주고 싶어 대화를 이어 갔다.

"알았어. 그럼 뭐부터 시작해야 돼?"

"선배님의 현재 상황과 재무 상태부터 체크해 봐야겠죠?"

"그럼 딱 1억 가지고 할 수 있는 거 없을까?"

"1억이면 빌라, 아파트, 상가까지 다 할 수 있을 것 같은데요? 그래도 가장 중요한 건 지금 당장 뭔가를 사는 게 아니고, 공부하면서 작은 경험부터 쌓는 거겠죠. 그전에 선배님의 형편과 회사 상황, 월급과 대출도 체크해 보는 것이 좋고요. 처음부터 선배가 가진 돈을 다 넣는 건 위험하지 않을까요?"

"부동산 투자하는데 뭘 개인적인 부분까지 그렇게 자세히 알려고 해? 나도 집 사 봤어. 그리고 내가 공부할 시간이 어디 있어? 퇴근하면 애들 봐야 하고, 주말에는 임원들이랑 골프장 가야 되고… 바빠. 그러니까 공부 많이 한 너한테 찍어 달라는 거지."

"선배님, 저도 아들이 둘이나 있고, 저희 회사에도 임원 있어요. 부동산 공부를 스스로 하지 않고 투자를 시작하면 마지막에 할 수 있는 것은 남 탓밖에 없어요. 선배님의 경제 상황을 속속들이 알아야 뭘 할 수 있을지 같이 고민할 수 있지 않을까요? 그래야 선배한테 맞는 투자를 할 수 있고, 또 의외로 부동산 투자가 선배님하고는 안 맞을 수도 있어요. 먼저 간접경험을 쌓을 수 있게 부동산 투자 관련 책을 읽어 보시거나 부동산에 대한 유료 강의를 조금씩 들어보는 건 어때요? 향후 집값이나 경제를 이분법적으로 예측하는 자극적인 유튜브 채널 같은 건 빼고요. 회사 밖에는 그동안 접하지 못했던 재미있는 일과 다양한 사람들이 정말 많아요."

"그렇게 돈 쓴다고 하면 아내가 가만 두지 않을 거야. 애들 학원비도 모자라는데 어떻게 나까지 책값이나 학원비를 쓰냐? 먹고 살기도 힘들다야."

"소비를 조금씩 줄이면서, 지식과 경험에 투자한다고 생각하면 돼요. 주말마다 골프장 대신 부동산 관련 대학원을 다니는 것도 좋은 방법일 수 있어요."

"됐어. 내 주위 사람들이 다 골프 치는데 나만 어떻게 쏙 빠지냐? 그리고 이 나이에 무슨 대학원이야. 넌 참 대단하다. 멋지게 사는구나."

순수한 마음으로 시작했던 대화는 결국 똑같은 내용을 반복하면서 끝이 나고 있었다. 나는 졸지에 선배가 인정한 대단한 사람이 되어 있었고, 선배는 체념한 것처럼 더 이상 부동산 얘기를 꺼내지 않았다.

20대에 사회생활을 시작하면서부터 부동산과 관련된 삶을 살았다. 공채 신입사원들 모두가 기피하는 총무팀에서 집기 이전부터 사무 및 전산용품 같은 소모품이나 차량 관리하는 일부터 시작했다. 남들이 사소하게 여기는 일들도 허투루 보지 않고 체계적으로 처리하니 금방 인정받게 되었고 빌딩 시설과 임대차 관리, 매입과 매각, 부동산 개발과 금융까지 업무 범위를 점차 넓혀 나갔다. 그에 따라 부동산과 관련된 다양한 일들을 경험할 수 있었지만 부동산 투자까지는 생각하지 못한 채 여느 직장인들처럼 저축하고 연금 들면서 빌딩 지하 방재실과 기계실, 공사 현장을 사무실보다 더 자주 오가며 열심히 일만 하며 지냈다. 그러다 문득 회사 생활은 영원할 수 없다는 사실을 깨닫고 부동산 투자를 시작했다(회사 생활과 부동산 투자를 병행한 지도 벌써 십수 년이 되었다).

그사이 나는 여러 번 이직했고, 회사에서 다양한 부동산 프로젝트를 수행했다. 물론 그동안 부동산 시장에도 많은 변화가 있었다. 매년 뉴스에 나오는 부동산 가격 전망은 상승과 하락을 거듭했고, 발전하는 지역이 있는가 하면 쇠퇴하는 지역도 있었다. 나는 그 기간에 농사를 짓는 마음으로 시골 농부가 미련하게 밭을 갈 듯 부동산 관련 공부를 했고, 모종을 심듯 부동산에 투자했다. 부동산 호황으로 마늘밭에서 돈다발을 주운 것처럼 자산 가치가 급상승한 사람들이 손가락질하며 나를 비웃던 그 순간에도 나는 무리하지 않고 분수에 맞게 묵묵히 씨앗을 뿌렸고, 그에 맞는 곡식을 수확했다.

당연히 마늘밭의 돈다발은 찾지 못했고, 아직도 어느 밭에서 땅을 파야 그렇게 큰 돈다발이 나오는지도 모른다. 그럼에도 거래절벽과 고금리, 역전세에 휘청대는 부동산 시장에서 꾸준히 투자하고, 그 수확물의 기쁨을 맛보면서 살아가고 있다.

이 책은 부동산 투자로 몇 년 만에 몇 억을 벌었다고 자랑하고자 쓴 책이 아니다. 또한 은밀한 정보나 부동산 투자 비법을 알려 준다거나 어떤 지역을 사면 반드시 오른다고 짚어주는 내용도 아니다. 이 책은 나와 비슷하게 평범한 월급쟁이로 살아가는 사람들이 무리한 투자로 돈을 잃지 않도록, 그리고 시간이 걸리더라도 본인에게 맞는 부동산 투자를 시작할 수 있도록 내가 투자하며 겪어온 성공과 실패, 축적한 깨달음을 차근차근 정리해 공유하는 데 그 의미가 있다.

씨앗을 뿌리자마자 다음 날 수확할 수 있는 농사가 없듯이, 투자하자마자 곧바로 수익을 낼 수 있는 부동산 투자는 없다. 그러나 많은 사람이 부동산 투자는 투자할 돈만 있으면 쉽게 당첨될 수 있는 복권으로 여긴다. 실제 부동산 투자는 농사를 짓는 것처럼 각고의 노력이 들어가야 수익을 낼 수 있고, 반대로 그렇게 노력하지 않으면 수익을 내기 힘들다.

땡볕에서 땀 흘리며 일하던 농부가 잠시 원두막에 들러 모자와 장화를 벗고, 오랜만에 찾아온 친구들을 위해 방금 밭에서 따온 수박을 쪼개며 수박 농사에 대해 얘기하는 모습을 떠올려 보자. 이 책은 농부처럼 꾸준히 투자한 내가 어떻게 살아왔고, 어떤 마음가짐으로 부동산 투자를 하는지 더 많은 사람들에게 들려주고 싶어 정리한 오래된 '기록'이며, 어려운 상황에서도 힘을 모아 나아간다면 수확의 기쁨을 다 함께 누릴 수 있을 거라는 '응원'이기도 하다.

2023년 여름
조훈희 올림

차 례

2장

부동산 농사 투자를 위한
10가지 원칙

3장

성공하는 투자자는
뭐가 달라도 다르다

4장

투자의 메타인지

5장

코끼리 살얼음 밟듯 검토하는
농부 투자자

6장

싸게 사서 비싸게 파는 비법

7장

'기업형 부농'을 향하여

1장

부동산 투자,
왜 농부처럼
해야 하는가?

1

인생역전이 아니라
일상을 지키기 위한 투자

"과장님, 제가 진짜 아무한테나 알려 드리는 게 아닌데, 이게 이번 임상실험만 성공하면 떡상하거든요. 종목토론방에서 아는 사람만 아는 거예요. 과장님도 미리 사두세요."

후배 김 대리가 핸드폰 화면을 연신 바라보며 말했다. 김 대리의 핸드폰은 반으로 접히는 최신형으로, 한쪽 화면에는 작은 게임 캐릭터가 칼을 휘두르고 있었고 다른 한쪽 화면에는 주식 거래창이 띄워져 있었다.

"지난번에도 손해 봤다면서 계속 주식하는 거야?"

"이번에는 확실한 정보예요. 포트폴리오도 다양하게 구성했어요. 아침에 단타하는 종목, 한 달 가져갈 종목, 그리고 다양한 투자를 위해 코인에도 넣었고요."

"그렇게 여러 곳에 투자하면 업무에 집중이 돼?"

"요즘 누가 월급만으로 살아요? N잡러 모르세요? 다양하게 낚싯대를 드리워 놔야 뭐가 걸려도 걸리죠. 이렇게 안 하면 애들 분유 값도 안 나와요."

"그냥 업무시간에는 일에 집중하고 빨리 퇴근한 다음 다른 것에 온전히 힘을 쏟는 투자 방법이 낫지 않을까? 이렇게 되면 회사 생활도 투자도 제대로 하지 못할 것 같아서 그래."

"퇴근하고 할 수 있는 게 뭐가 있는데요? 밤에 대리운전이라도 나갈까요? 아니면 오토바이 타고 야식 배달이라도 해요? 과장님은 부동산 박사라면서 그래도 나름 유학까지 다녀온 저한테 어떻게 그렇게 말씀하세요?"

나는 더 이상 후배와의 대화를 이어 갈 수 없었다.

부동산 투자는 도박이 아니다

인간의 실수는 대개 모든 것을 '빨리' 가지고 싶어 하는 욕심에서 비롯된다. 그러나 자본주의 사회는 놀랍도록 정직한 생태계로, 내 능력과 노동력에 맞는 급여 수준이 시장에 형성되어 있다. 아무리 멋진 이력서로 나를 잘 포장한다고 해도 결국에는 회사에 기여하는 만큼의 노동소득이 책정되기 마련이다.

자본소득도 노동소득과 크게 다르지 않다. 투자로 인해 발생하는 소득은 리스크와 비례한다. 리스크가 높은 투자는 수익이 높으며, 안정적인 투자는 그만큼 수익이 낮다. 세상에 싸고 좋은 것은 없다. 예를 들어 로또의 당첨금이 높은 이유는 그만큼 당첨 확률이 낮고, 내가 로또를 구입한 돈을 잃을 확률이 매우 높기 때문이다. 이것이 시장의 논리이고, 아무리 능력이 뛰어난 개인이라도 시장의 기본 논리를 바꿀 수는 없다.

"과장님, 근데 그거 아세요? 제 동기 이 대리는 부동산 카페랑 유튜브에서 셀럽이 추천하는 아파트 갭 투자로 6개월 만에 몇 억을 벌었대요. 그 지역에 철도가 개통된다고 발표가 났는데 공급이 부족해서 엄청 오른다네요."

"그거야 부동산 시장이 상승장이라서 대부분의 아파트 가격이 오른 탓이겠지. 그 사람이 살 때보다 호가는 올랐을지 몰라도 지금 거래가 잘 될지는 모르겠네. 가지고 있어도 세금이 부담될 테고, 만약 팔아도 매매차익에 대한 양도소득세가 만만치 않을 것 같은데, 구체적으로 계산은 해 보고 투자한 거래? 혹시 가장 많이 올랐을 때의 시세만 보고 몇 억 벌었다고 자랑한 거 아니야?"

"또 그렇게 말씀하실 줄 알았어요. 진짜 과장님처럼 그렇게 이것저것 다 따지다 보면 돈도 못 벌고, 결국 버스 놓치는 거예요."

많은 사람들이 버스에 탄다고 해서 나도 서둘러 버스에 타는 것이 옳을까? 그들은 버스가 어디를 향해 가는지, 어떤 정류장과 어떤 길을 지나가는지 알고 있을까? 버스 운전사가 어떤 사람인지, 버스비가 적정한지 따져 봤을까? 나아가 주식에 투자한 김 대리와 부동산에 투자한 이 대리 사이에는 방법의 차이가 있는 것일까? 부동산과 주식이라는 종목만 다를 뿐 단기적인 호재만 보고 돈을 투자하는 방법은 상당히 유사하지 않을까? 그렇다면 부동산 투자가 주식 투자보다 안정적인 투자라고 할 수 있을까? 오히려 부동산이 주식보다 가격 하락기에 거래가 어렵기 때문에 더 불안정한 투자 방법은 아닐까?

그의 성공이 당신의 성공을 보장하지는 않는다

비단 내 옆의 김 대리뿐만 아니라 많은 사람들이 주변에서 떠드는 투자 성공담만 듣고 준비 없이 부동산 투자를 시작한다. 부동산 가격이 상승세를 보이던 시절, 어떤 사람들은 지도를 띄우고선 '여기를 사면 돈을 번다'며 특정한 지역이나 아파트 단지들을 짚어 주기도 했다. 일반인들은 타인이 들려주는 생생한 경험담, 해당 지역의 개발 소식과 인터넷 뉴스, 부동산 가격이 치솟는 그래프를 보면서 앞으로도 부동산 가격이 영원히 오를 것이라고 착각했다.

결국 자신의 재무 상황을 먼저 체크하거나 삶의 패턴을 고려하지 않고, 가지고 있는 돈과 대출까지 모두 활용해 남들이 오른다고 추천하는 지역의 부동산을 샀으며 가격이 곧 오른다는 기대감에 한껏 들떠 있기도 하다.

물론 부동산 가격의 급격한 상승으로 단기간에 부를 축적한 이들도 있다. 나 역시 사람인지라 그러한 사례를 보면 과감한 실행력과 추진력 그리고 축적된 부를 부러워할 수밖에 없다. 그들은 파이어(Financial Independence, Retire Early)족이라는 브랜드가 되어 몇 년 만에 몇십 억을 벌어 다니던 회사를 그만두고 해외여행을 다니며 가끔씩 투자한 물건 정도만 관리하는 행복한 삶을 아름답게 내비춘다. 수많은 월급쟁이들은 꽉 막힌 출퇴근 지하철 안에서 자신의 현재 상황에 한탄하면서도 자신도 파이어족이 될 수 있다는 자신감을 갖는 까닭이다.

뿌린 만큼만 거둘 수 있는
부동산 투자

지금 부동산과 관련된 이 책을 읽는 당신의 목표는 무엇인가? 그 목표를 이루기 위한 과정과 마음가짐은 어떠한가? 부동산 투자는 무엇에, 어떻게 해야 하는가? 이 책을 통해 위 질문에 대한 답을 스스로 내려 보길 바란다.

세상물정 모르는 시골 농부가 우직하게 농사를 짓는 것처럼 오랜 기간 꾸준히 공부하고 투자하는 것, 이것이 내가 찾은 부동산 투자에 관한 유일한 해답이다. 농부가 봄, 여름에 논과 밭에서 흘린 피와 땀으로 가을에 곡식과 과실을 수확하듯이, 부동산 투자도 지속적인 노력과 오랫동안 쌓아 온 자신만의 노하우를 통해 수익을 창출해 낸다. 자신에게 적합한 토양과 농작물을 선정해 씨앗을 뿌리고 관리함으로써 마침내 수확하고 시장에 판매까지 하는 일련의 과정은 부동산 투자와 다를 바 없다.

스무 살부터 지금까지 오랫동안 이어 온 투자 경험을 돌아보면, 주식 시장과 부동산 시장을 오가며 다양한 투자 상품을 통해 돈을 벌기도 했지만 크게 잃기도 했다. 수많은 시행착오가 있었음에도 꺾이지 않고 투자할 수 있었던 것도 결국 이 '꾸준함' 때문이었다.

2

조 과장은 왜
부동산 투자를
시작했는가?

"조 대리님 급하신 건 알겠는데, 이 상황에서는 전세자금 대출도 주택 담보대출도 불가능합니다."

"계장님, 친하다고 장난치지 마세요. 저 아시면서 갑자기 왜 그러세요. 저희 회사도 저도 주거래 은행이 여기고, 그동안 대출받은 적 없고, 카드 값 한 번 밀린 적 없는데 무슨 말씀이세요."

"대리님 개인이 문제가 아니라 지금 대리님 회사가 채권단 관리로 넘어간 것이 문제입니다. 이런 상황에서는 당장 다음 달 월급이 제대로 나올지도 예측하기 힘듭니다. 그러니 대리님도 이자를 갚을 여력이 충분하지 않을 것으로 판단되어 대출이 불가능한 것입니다."

안전하다고 믿었던 직장에서 준비한
불안한 결혼

결혼식을 두 달 앞두고 신혼집을 구하기 위해 대출이 필요한 상황에서 맞닥뜨린 청천벽력 같은 통보였다. 안정적인 대기업에서 좋은 평가를 받으며 조기 진급까지 했고, 임원까지 생각하고 있었던 터라 그 상실감은 이루 말할 수가 없었다. 당시의 금융위기 사태와 그로 인한 회사의 위기는 잠시 지나가는 바람 같은 것이고, 모든 임직원이 하나되어 열심히 일하면 분명 타개할 수 있을 거라 믿고 있었기에 당장 결혼 후 들어가 살 작은 집 하나 얻을 신용조차 상실하게 되었다는 현실이 더 가혹했는지도 모르겠다.

무엇보다 사랑하는 사람과 가족들에게 어떻게 말을 해야 할지 막막했다. 그리고 내가 믿던 회사도, 내가 따르던 회사 선배들도, 나를 지지해주던 동기와 후배들까지, 그 누구에게도 도움을 바라지 못하고 이 상황을 혼자 해결해야 된다고 생각하니 상실감은 곧 슬픔으로 바뀌었다.

원하는 집을 구하지 못한다는 아쉬움과 안일했던 스스로에 대해 후회하기도 전에 더 큰 문제들이 곳곳에서 터지기 시작했다. 회사를 믿고 충성했던 만큼 그동안 저축한 돈을 그 회사의 주식에 투자했었고, 나아가 대출로 우리사주(기업의 근로자가 취득한 자기 회사의 주식)까지 받은 상황이었다. 몇 년 전 회사가 잘될 때는 주식이 폭등해서 그 돈으로 작은 차도 살 수 있었지만, 금융위기에 직면했을 당시에는 주가가 걸 핏하면 하한가로 치달았으며 거래정지는 예삿일이었다. 나도, 회사도 더 이상 손을 쓸 수 없는 지경까지 이른 것이다.

　결혼 날이 다가오는 상황에서 수렁에 빠진 자금 사정을 조금이라도 타개하기 위해서는 주식이 더 떨어지기 전에 팔아야 했다. 주식을 팔 고 대출을 갚지 않으면 회사뿐만 아니라 개인 재무상태까지 회생이 어 려워질 수 있었다. 나는 재빨리 주식을 매각한 뒤 부모님과 여자친구 에게 사정을 솔직하게 털어놓았다. 결국 부모님과 처갓집 그리고 친구 들의 도움을 받아 신혼집을 얻었고, 혼수 마련을 위해 처갓집에서 준 비했던 돈은 우리사주 대출을 갚는 데 쓰였다.

　결혼하면서 으레 마련한다는 명품 백이나 시계 같은 예물은 언감생 심이었다. 모든 것을 쥐어짜서 한 결혼이었기 때문에 당장 현금도 신 용도 없었다. 식이 끝나고 신부 머리에 꽂혀 있는 실핀을 채 뽑기도 전 에 우리는 은행 현금 인출기에 축의금을 입금하고, 근처 마트에 가서 필요한 살림살이를 샀다. 인터넷뱅킹을 통해 급하게 빌린 돈도 우선 갚았다. 그렇게 차 트렁크에 냄비, 세탁 세제, 변기 솔 등 당장 생각나 는 살림살이를 대충 실어 놓고는 신혼여행을 떠났다.

신혼여행을 마치고 돌아온 집은 서로의 목소리가 메아리 칠 정도로 텅 비어 있었다. 인터넷으로 저렴하게 구매한 가구와 기본 기능만 있는 가전제품을 하나둘 장만해 결혼 생활을 시작했다. 그러는 사이 회사는 점점 더 어려워졌고, 직원들의 인사발령 공지 횟수도 나날이 늘어갔다. 내가 보유하고 있던 계열사의 주식은 거래 정지되거나 상장 폐지되었다.

모두가 말렸던
나의 첫 부동산 투자

상황은 어려웠으나 끊임없이 노력한 끝에 성북구의 작은 아파트를 매입할 수 있었다. 당시 이 아파트는 보합세가 몇 년간 이어져 오던 터라, 내 사정을 잘 알고 있는 주변 사람들은 무슨 패기로 무리해서 집을 사냐며 나를 뜯어말렸다. 부동산 중개인조차 고개를 내저었으니 어느 정도였는지 짐작하리라 생각한다.

변변찮은 신혼살림이나 예물도 없이 결혼을 준비하며 회사와 함께 침몰하던 그 순간, 나에게는 회사에서 내쫓길지언정 가족까지 길바닥에 나앉게 할 수는 없다는 생각밖에 없었다. 돌아보니 그것이 스스로 결정한 부동산 투자의 시작이었다. 그 바탕에는 어려울수록 과감하게 투자를 시도하는 용기가 아니라, 이것 하나라도 있어야 살 수 있겠다는 절박한 마음과 나를 믿어준 아내의 도움이 있었다.

결혼 직후 회사의 계열사는 법정관리를 신청했고, 내가 다니던 회사 역시 채권단 관리가 본격화되면서 많은 선후배들과 동료들이 자의 반 타의 반으로 회사를 떠났다. 나 역시 비슷한 이유로 급하게 이직을 할 수밖에 없었다. 당시 나는 30대 초반이었고 말단 대리였기에 금방 새로운 일자리를 구할 수 있었으나, 40대 이상의 선배들은 새로운 직장을 구하는 데 어려움을 겪었다. 회사에서는 그저 높아만 보이던 직급이 회사 밖에서는 오히려 불리하게 작용할 수 있구나 싶었다.

회사의 입장에서 보는 나는 일 잘하고 성실한 직원이었지만, 내 입장에서 보는 나는 그냥 세상의 흐름에 몸을 맡기고 누워 버린 무책임한 사람에 불과했다. 더욱이 회사는, 그런 나를 책임져 주지 않았다. 회사와 조직은 우리와 같은 자연인이 아니라 법인(法人)이다. 법인은 나에게는 어떠한 감정도 느낄 수 없는 법률상 이익집합이며, 나는 그 사실을 깨닫지 못한 채 회사에 너무 충성해 버린 것이다.

이러한 일들을 겪으면서 주위의 소문이나 뉴스, 믿음으로 하는 투자를 하지 않게 되었으며, 내 돈이 타인의 손에 맡겨지는 보험, 펀드, 연금 등의 금융상품도 대부분 해지했다. 조직에 대한 불신이 더욱 커져 이제는 은행도 언제 망할지 모른다는 불안감에 예금과 적금도 최소화했다.

흔들리지 않는 무거운 재산, 부동산에서 찾은 희망

그 후 나는 부동산에서 큰 비전을 보았다. 시장이 안 좋아져서 회사가 망하면 주식의 가치 또한 사라지지만, 시장 상황과 회사의 존폐와는 무관하게 건물과 토지는 변함없이 존재하고 있었으며, 시장가치도 꾸준하게 상승하고 있었다. 또한 주식은 내가 직접 경영에 참여하지 못한 채 그 회사의 경영진만 믿고 있어야 하는 반면, 부동산은 인테리어 공사, 임차인 및 용도변경 등 나의 능력에 따라 가치가 충분히 바뀔 수 있는 자산이라고 생각했다.

이러한 마음이 확고해졌을 때쯤 승진시험에 대비해 다녔던 영어학원을 그만두고 부동산 대학원에 진학했으며, 현금이 모일 때마다 대출을 받아 꾸준히 부동산에 투자하기 시작했다.

3

삶을 스스로
경영할 수 있게끔 도와준
부동산 투자

"이 회사는 규모는 작아도 연봉이 업계 최고입니다."

첫 번째 회사가 내 의지와 노력과는 전혀 상관없이 좌초되는 상황에서 결국 이직을 결정하고 헤드헌터를 찾았다. 힘든 과정을 거쳐서일까, 이번에는 회사 규모가 작더라도 안정적인 재무구조를 갖추고 급여를 많이 주는 회사를 찾았다. 당시에는 결혼하고 신혼집을 마련하느라 당장 현금이 급했고, 기존 회사의 신용이 낮아 대출이 어려웠기 때문이다.

아직은 내 집을 제외하고 부동산 투자를 본격적으로 할 수 없는 상황인 데다 아내가 첫째를 막 가진 시기였기에 가족의 생존에 월급은 필수 요건이었다. 이제는 나의 밥벌이가 나 혼자만의 문제가 아니라 가족의 생존이 걸린 문제가 되었기에 나는 그 책임감이 주는 무게를 버거워 하면서도, 한편으로는 아이를 키울 수 있는 집이 있음에 안도했다. 나의 이런 상황은 구직 활동에서 당장 내 손에 쥘 수 있는 연봉을 최우선으로 꼽게 만들었고, 그 조건에 맞는 두 번째 회사를 찾을 수 있었다. 그 선택은 마치 내 인생의 천국과 지옥의 문을 동시에 두드리는 것과 같았다.

나의 미래는 당장의 승진이 아니라 부동산 공부에 있었다

새로 들어간 회사는 임직원 통틀어 백 명 정도 되는 규모에 해외 사업을 주로 진행하는 곳이었다. 사업구조는 안정적이었고 연봉도 높았으나 문제는 보이지 않는 인간관계에 있었다. 그래도 돈을 벌어야 한다는 일념으로 열심히 일했고, 그러다 어느 날 과로로 쓰러지게 되었다. 늘 정상 수치를 보이던 혈압이 갑자기 높아졌고(아직도 혈압약을 매일 복용한다), 그럼에도 당장 회사를 그만둘 수는 없었기에 회사가 아닌 나 스스로를 바꾸자고 다짐했다.

첫째로 회사에서 받은 스트레스를 집까지 가져오지 않고자 노력했다. 그렇게 회사에서의 감정들을 글로 정리하기 시작했다(주로 퇴근길 지하철에서). 그 기록을 통해 당시 나는 어떤 마음을 가졌었고, 앞으로 그 불편한 마음과 상황을 어떻게 바꿔야 하는지 반추하고자 했던 것이다. 이러한 노력은 실제로 효과가 있었기에 지금까지 지속적으로 하고 있으며, 스트레스를 끊기 위해 써 왔던 글 덕분에 첫 책이자 직장생활의 애환을 닮은 에세이 《밥벌이의 이로움》을 출간할 수 있었다.

둘째로 추가 수입을 위해 주말에 나가던 아르바이트들을 정리했다. 직장생활을 할 때도 대학생 때처럼 시간 날 때마다 행사 보조, 촬영, 취업 컨설팅 등의 아르바이트를 하며 용돈을 벌었는데, 이런 부업은 본업에까지 영향을 끼치며 피로도를 높이기에 과감히 정리한 것이다. 당장 현금이 급한 상황에서 수입을 줄이는 것은 각오가 요구되는 결단이었고, 아내와 나는 소비를 줄이기 위해 더욱 허리띠를 졸라맸다.

마지막으로 미래에 대한 투자로 부동산 대학원에 진학했다. 다행히 내가 진학했던 부동산 대학원은 주말에도 수업을 들을 수 있었다. 많은 직장인들이 조직에서 경쟁력을 높이는 자기계발의 수단으로 MBA 과정에 진학하고, 나 역시 그에 대한 고민을 했었다. 그러나 직장 내에서 당장의 경쟁력을 높이는 것보다 부동산을 전문적으로 공부하는 것이 스스로의 경쟁력을 높이고, 평생 직업을 설정하는 데 유리하다고

31

생각했다.

물론, 학비를 비롯한 원우들과의 교류 비용이 부담되긴 했지만 미래를 위한 투자라고 생각하니 부담은커녕 오히려 설렜다.

급하지도 과하지도 않게, 회사 생활과 함께한 부동산 투자

따지고 보면 나는 최선을 다했음에도 불구하고 첫 번째 회사에서는 회사 사정에 의해 쫓겨나듯 퇴사했고, 두 번째 회사에서는 건강을 잃었다. 그러나 이러한 고난을 통해서 부동산 공부와 투자를 시작할 수 있었고, 책도 집필할 수 있었다. 대학원에서 배운 지식을 토대로 미국계 부동산 자산관리회사로 이직해, 이후에는 부동산 자산운용사에서 부동산 펀드매니저로서의 삶도 살 수 있었다. 지금은 내게 큰 도움을 준 대학원의 부동산 투자금융전공 겸임교수로 활동하면서 그동안 경험하고 배운 것들을 후배들에게 공유하고 있다.

만약 첫 번째 회사가 어려워지지 않고 계속 성장해 지금까지 안정적으로 직장 생활을 하고 있었다면 개인적인 어려움은 분명히 적었을 것이다. 회사 생활 외에 사회와 경제 상황에 대해 현실적으로 고민하는 일도 거의 없었을 것이고, 높은 연봉에 만족하며 어느 대기업 직장인들처럼 주말이면 골프를 치거나 고급 승용차를 타고 드라이브를 즐겼을지도 모르겠다. 물론 현재의 나는 사회 초년생 때 기대했던 연봉보다 낮은 연봉을 받고 평범한 국산차를 타고 다니며, 비싼 명품을 착용하지도 않는다. 다만 부동산 투자와 공부를 통해 남들에게 보여주는 즐거움이 아닌 스스로 만족하는 데에서 오는 행복을 느끼며 살고 있을 뿐이다. 투자 수익을 통한 수확의 즐거움은 덤이다.

내가 즐거운 삶을 살 수 있는 까닭이 단순히 부동산에 투자하고, 그로 인한 수익이 발생하기 때문만은 아니다. 이는 나의 상황과 성향에 맞는 투자 대상인 부동산을 알고, 나에게 적합한 투자 방식인 농사 투자법을 지켰기 때문에 가능한 것이다. 농부가 농사를 짓는 것과 같은 꾸준한 공부와 투자는 지속적인 수익을 가져다준다. 나의 경우엔 부동산 폭등기에는 자산을 늘리지 않고 지키거나 반대로 매도하기도 했는데, 시대별로 상승 이슈가 있는 지역을 집중적으로 투자하지 않았기 때문에 폭발적인 수익 상승을 경험하지는 못했다. 평일 업무시간은 어쨌거나 회사 일에 묶여 있어야 했기에 짧은 시간에 여러 건의 매매를 할 수 없었던 현실적인 사정도 있었다.

그러나 급하지 않고, 과하지 않으며, 나의 분수를 지켜가며 꾸준하게 이어 간 투자 방식은 회사 생활과 투자 생활을 병행할 수 있게 해줬다. 주식농부 박영옥 님의 저서 《주식투자 절대원칙》에서는 투자 방식을 농부와 사냥꾼에 비유한다. 예컨데 농부의 투자 방식은 땅에 씨를 뿌리고 오랜 시간이 흐른 뒤 곡식을 얻는 것이고, 사냥꾼의 투자 방식은 총을 메고 산에 올라 종일 토끼몰이를 하며 사냥감을 즉각적으로 취하는 것이다. 사냥은 그날의 운이나 날씨가 좋지 않으면, 아무리 뛰어난 사냥꾼이라 할지라도 그날은 굶을 수밖에 없다. 반대로 농사는 여러 작물을 키우며 날씨가 좋든 나쁘든(365일 내내 날씨가 나쁘지는 않기에) 시간만 지나면 어느 정도의 수확물을 확보할 수 있다. 부동산 투자는 주식 투자와 투자 대상만 다를 뿐, 그 방식은 유사하다. 사냥으로 대박을 터뜨리기보다는 농사를 짓듯 장기간에 걸쳐 안정적인 수익을 창출해야 한다는 것이다.

4

회사가 미래를
책임져 주지는 않지만
현재를 버리게는 해 준다

"선배는 철학을 계속 공부하면서 불안하지는 않으세요? 철학만으론 돈 벌기도 쉽지 않고, 취업도 안 되잖아요?"

대학교 시절, 철학과 대학원에 다니던 조교 선배에게 던질 질문에 그는 이렇게 답했다.

"맞아. 아무리 내가 철학을 좋아한다고 해도 이것 하나만 계속 공부하면 당연히 불안하겠지. 그래서 난 사법고시 공부도 같이 하고 있고, 1차는 이미 합격한 상태야. 영리한 토끼는 빠져나갈 굴을 두 개씩 파

35

1장 – 부동산 투자, 왜 농부처럼 해야 하는가?

놓는단다. 우리 삶도 마찬가지야. 내가 좋아하는 한 가지에 집중하는 것도 좋지만 여러 가지 방법을 모색해 놓는 것이 때로는 더 높은 성과를 가져다주기도 해."

매일 두꺼운 철학책만 볼 것 같았던 선배는 자신이 하는 공부의 재테크 방법으로 또 다른 공부를 하고 있었던 것이다. 실제로 이 선배는 십여 년 후 대학교 철학과 교수가 되었다. 교수가 되기까지 한 분야에 정통하고자 하는 엄청난 노력과 고통이 있었겠지만, 그 모든 시련을 버텨 낸 정신력의 근간에는 '전공 공부가 잘 안 되면 언제든 다른 길로 갈 수 있다는 확신'이 있었을 것이다.

토끼조차 살 구멍을 두 개는 파 놓는다

선배의 가르침 덕에 남의 밭에 가서 일을 해주고 일당을 받는 것처럼 회사 일을 하고, 한편으로는 내 논과 내 밭에서 작물도 기르고 소도 몇 마리 키우는 형태의 삶을 살고 있다. 내가 여러 가지 부동산 투자를 할 수 있게 된 까닭은 역설적이게도 회사 생활에 있다. 안정적인 월급과 신용은 그 크기가 크든 작든 부동산 투자에 있어서 매우 중요한 역할을 하기 때문이다.

첫째, 회사에서 받는 월급은 내 밭에 뿌릴 씨앗을 마련할 종잣돈의 기초가 된다. 고정된 월급이 없다면 소비와 지출에 대한 계획이 매번 달라지기 때문에 안정적인 저축과 투자를 위한 자금 집행이 어려워진다. 물론 현재 내가 받는 월급이 적어서 부동산 투자 자체를 하지 못한다고 생각할 수도 있지만, 투자를 시도하기에 앞서 무엇보다 먼저 해결해야 하는 과제는 꾸준한 저축과 소비 습관을 바로 잡는 일이다. 월급이 들어오자마자 카드값으로 다 빠져 나가는 것이 아니라 정기적금이 빠져 나가는 구조를 만들어 놓는다면 고액 연봉자가 아니라도 부동산 투자를 위한 종잣돈을 어느 정도 모을 수 있을 것이다.

둘째, 안정적으로 들어오는 월급은 자신의 신용을 보강해 준다. 회사의 재무구조가 튼튼할수록 신용이 좋고, 그럴수록 월급이 지급되지 않을 확률은 낮기 때문이다. 금융기관에서 대출을 실행할 때 평가하는 요소는 대출을 받는 자의 상환 능력과 현재 재무 상황 그리고 담보가 될 물건에 대한 가격이다. 여기서 상환 능력이란 돈을 빌려 준 다음 그에 대한 이자를 받을 수 있는 가능성을 가늠한 결과로, 대출 실행 여부와 이자율의 근거가 된다. 따라서 안정적인 월급이 없거나 신용이 낮은 사람들은 대출을 받기 어렵고, 받는다 하더라도 높은 이자를 감당해야 한다.

실제로 회사를 그만두는 순간 마이너스 통장을 포함한 신용대출 상환 요청이 들어오거나, 대출 만기 시 연장이 거절되거나, 대출금리가 올라가는 상황을 맞을 수 있다. 그리고 부동산을 구입할 때 대출을 받는 것처럼 담보가 설정된 물건에 대한 현재 가치는 대출금액을 판단하는 근거가 되기도 한다. 따라서 개인의 신용을 뒷받침할 수 있는 회사의 신용은 부동산 투자에 있어 빼놓을 수 없는 요소다.

셋째, 월급은 어려운 시기를 버틸 수 있는 힘의 원천이 된다. 부동산 가격 상승기에는 전체적으로 가격이 오르기 때문에 투자자들의 자산 가치가 높아진다. 그러나 정부 정책으로 인해 부동산 가격과 함께 부동산에 부과되는 세금도 함께 오르게 된다면 당장 세금을 낼 현금을 마련하기 위해 보유하고 있던 좋은 부동산 자산을 어쩔 수 없이 급매로 내놓는 경우가 생긴다. 뿐만 아니라 금리가 인상되어 이자비용이 높아진다면, 부동산에서 발생하는 임대수익이 줄고 매각마저 힘들어질 수 있다. 이처럼 부동산 자산을 보유하고 있는 상황에서 시장 악화나 정부 규제 등에 의해 많은 어려움에 처했을 때, 비록 금액이 적더라도 월급처럼 안정적으로 매월 들어오는 수입은 기댈 수 있는 든든한 어깨가 된다. 자산을 매도하지 않고도 세금과 이자를 납부할 수 있도록 해 주는 가뭄의 단비와 같은 축복인 것이다.

회사는 부동산 투자를 할 시간을 뺏거나 부동산에 투자하지 못할 만큼의 적은 월급을 주는 곳이 아니다. 부동산 투자를 꾸준히 할 수 있게 돈도 주고, 신용도 높여 주고, 어려운 시장 환경을 이겨낼 수 있는 힘까지 가질 수 있도록 도와주는 고마운 존재가 바로 이 회사다.

회사를 그만두는 순간 돈의 방향이 바뀐다

만약 회사를 그만둬서 월급을 받지 못하게 된다면 이는 단순히 나의 수익이 플러스에서 제로가 되는 것이 아니다. 월급이 없어도 식비, 주거비, 교통비, 통신비 등 기본적인 비용이 들어가기 때문에 고정된 수입이 끊긴다면, 플러스에서 마이너스로 돈의 방향 자체가 바뀌게 된다.

그렇게 마이너스로 방향이 바뀐 상태에서 부동산 투자를 한다면 우리는 올바른 판단을 내릴 수 있을까? 모르긴 몰라도 이러한 상황에서 어떤 결정을 내려야 한다면 장기적인 안목으로 판단하지 못하고 대부분은 당장 눈에 보이는 수익에 급급해질 수밖에 없을 것이다. 빨리 수익을 내지 않으면 손해가 커지는 상황이므로, 리스크가 큰 물건에도 의심 없이 투자하는 실수를 저지를 수도 있다.

쉬운 예로 회사에서 신규 사업을 시작하자마자 이익이 나는 경우를 본 적이 있는가? 회사와 같이 지식과 경험이 축적된 조직에서도 새로운 사업은 몇 년간 손해를 볼 생각으로 시작하는데, 하물며 경험이 적은 개인이 부동산 투자 시장에 진입하자마자 이익을 본다는 것은 쉽지 않은 일이다.

우리는 회사가 주는 월급과 신용을 토대로 꾸준히 씨앗을 심듯이 투자하고 공부해야 한다. 그렇게 회사를 다니며 이것저것 심어 놓아야 실패를 해도 다른 씨앗을 사서 뿌려 볼 수도 있고, 작물이 성장하는 시간을 느긋하게 기다릴 수 있으며, 가뭄에 버틸 수도 있다. 그래야 몇 년 뒤 그 씨앗이 큰 나무가 되어 풍성한 열매를 맺는 수확의 기쁨도 누릴 수 있을 것이다.

5

회사의 힘을
활용하는 회사원

"진짜 이렇게 무식한 사람들만 모여서 일도 안 하고 있는데 회사는 왜 안 망해요? 과장님은 답답하지 않으세요?"

회사 후배가 수첩을 책상에 던지듯 내려놓고 나에게 하소연을 늘어놓았다.

"괜찮아, 김 대리. 회사는 쉽게 망하지 않아. 구성원 한 명씩 보면 보잘것없어 보여도, 회사가 망하지 않고 돌아가는 이유는 그동안 축적된 지식과 경험이 있기 때문이야. 경영에 대한 판단을 할 때 회사는 높은 확률로 옳은 방향으로 판단할 수 있는 습성을 갖게 되지. 그래서 조직은 오래될수록 옳은 방향을 선택할 확률이 높아지고, 규모가 커질수록 그 다양성과 범위가 넓어지는 거야. 그것이 시스템화 되면 개인 역량이 아닌 회사 조직 자체가 큰 힘을 지니게 되는 거지."

김 대리는 놀란 얼굴로 나를 쳐다봤다. 대부분의 회사원들은 김 대리처럼 조직이 가진 긍정적인 힘을 알지 못하고 있다. 그들이 알고 있는 조직의 힘은 몸집과 자본으로 노동자를 부리거나 찍어 누르는 등의 부정적인 힘에 국한되어 있다. 그러나 성공적인 투자를 위해서는 이러한 조직의 긍정적인 힘을 보고 배워야 한다.

성공하는 투자자가 되려면
사장처럼 일하라

대기업 회장들은 회사가 사실상 본인의 것이라고 해도 결코 자신의 자녀를 사회생활 초반부터 높은 자리에 앉히지 않는다. 예컨대 재벌가 후계자들은 과장 이하의 직급으로 입사해 실무를 배우며 어느 정도 조직에 익숙해진 다음, 유학을 다녀온 후 조직장에 임명하는 등의 절차를 밟는다. 대기업 회장들이 자신의 자녀들에게 이러한 과정을 거치게 하는 까닭은 그들이 조직과 회사의 구조에 대해서 체득하고, 유학을 통해 새로운 지식과 경험 그리고 인맥을 쌓은 다음, 이를 조직에 적용함으로써 변화를 꾀하고 새로운 세대로의 발전을 모색하기를 바라기 때문이다.

회사 일과 병행하는 부동산 투자는 재벌가의 자녀 교육과 제법 유사하다. 먼저 신입사원 때부터 '지금 다니고 있는 회사에서 열심히 일하고 많은 인맥을 쌓아 정년까지 다녀야지'라는 안일한 생각을 하면 안 된다. 이러한 모습은 겉보기에는 부지런해 보일 수 있어도 자기 자신에게는 무책임한 포즈가 될 수도 있다. 이렇게 생활한다면 앞서 말한 나의 첫 회사 생활과 같은 결과를 맞이할 수도 있다.

회사를 통해 스스로를 발전시키기 위해서는 단순히 '일개 직원'으로서 월급만 받아 간다는 생각을 버려야 한다. 재벌가의 후계자처럼 언젠가 본인이 회사의 대표가 될 수 있다는 마음가짐으로 조직의 장점을 찾아 흡수하는 노력을 해야 한다는 것이다.

먼저 회사 내부에서 조직 생활을 잘하는 사람 몇 명을 롤모델로 삼아 그들의 대표적인 능력 몇 가지를 유심히 지켜보고 따라한다. 예를 들어 업무에 집중하는 능력, 자신에게 유리한 방향으로 협상을 이끌어 내는 능력, 듣는 사람을 기분 좋게 하는 간결한 보고의 능력, 바쁘지 않아 보여도 할 일을 모두 제시간에 끝내는 시간 관리 능력, 어렵고 힘든 일이 닥쳐도 꾸준히 이겨내고 평정심을 잃지 않는 마음 관리 능력, 내 편이든 내 편이 아니든 가리지 않고 사람의 마음을 살 수 있는 처세 등이 있다.

부동산 투자는 매수자, 매도자, 중개인, 법무사, 대출받는 은행의 직원, 임차인 정도의 좁은 인간관계로 시작된다. 하지만 투자의 범위와 종류가 넓어질수록 시공사, 인테리어 회사, 설비회사 대표뿐만 아니라 건물 관리실 직원, 주변 건물의 소유주와 제각각인 임차인, 인허가 담당 공무원, 변호사, 세무사 등 다양한 사람들과 협업을 해야 한다.

또한 부동산학은 경제학, 법학, 건축학, 도시공학, 정치학, 인문학 등 다양한 학문이 융합된 실용 학문이기 때문에 부동산 공부를 어느 정도 마쳤다고 바로 현장으로 나가면 낭패를 보기 쉽다.

다시 말해, 재벌가 후계자들이 조직에서 내공을 쌓고 유학을 가듯이 부동산 투자를 시작해야 한다는 것이다. 이때부터는 회사 동료들과 조금 다른 길을 걷게 될 것이다. 2차에서 3차까지 이어지는 회식, 점심을 먹고 자연스럽게 이어지는 카페에서의 수다, 학습이나 대안 없이 시간만 축내는 회의, 업무를 떠넘기는 데 급급했던 시간과 불필요한 야근들이 눈에 거슬리기 시작할 것이며, 스스로 이러한 시간을 줄이기 위해 노력하게 될 것이다.

재벌가의 후계자는 회사에서 어떻게 시간을 보낼까? 앞으로 회사를 운영할 것이라고 생각한다면 앞에서 열거한 여느 회사원들처럼은 행동하지 못할 것이다. 부동산 투자라고 다를 게 없다. 내가 뿌린 씨앗이 개별적인 나의 사업체가 되어 자라나는 상황에서는 그것들을 돌보고, 새로운 것을 학습할 시간만으로도 하루 24시간이 모자라기에 단 1분도 무의미하게 보낼 수 없을 것이다.

회사는 나에게
월급 이상의 것을 준다

부동산 투자를 시작하고 평범한 직장인의 태도를 버린 이후에는 투자와 배움에 대한 열정은 불타오르는 반면, 회사와 주변 사람들에 대한 실망감은 커져 갈 것이다. 특히 몇 건의 거래로 연봉보다 높은 수익을 경험했다면 일종의 허탈감도 맛볼 수 있다. 회사를 다니는 부동산 투자자라면 이 시기를 가장 조심해야 한다. 나 역시 이런 시기를 겪었지만, 적어도 회사에서만큼은 여느 회사원들처럼 보이기 위해 노력했다. 앞서 말한 회사가 주는 안정성과 월급 그리고 명함의 중요성을 알기 때문이었다.

부동산 투자에 몇 차례 성공했다고 회사를 우습게 여기며 자만하거나 자랑한다면 분명 시샘하는 사람들이 생길 것이고, 이러한 불씨가 시간이 지날수록 점점 커져 회사에서 받을 수 있는 혜택을 모두 빼앗길 우려가 있다. 부동산 투자로 자산들이 어린 새싹처럼 이제 막 크고 있다면, 그 규모를 더욱 키우기 위해서는 회사의 도움이 불가피하다. 따라서 나의 자만심으로 인해 생겨난 불씨가 농장을 홀랑 태워 먹는 불상사가 일어나서는 안 되겠다.

나는 회사를 다니면서 오랜 기간 동안 아파트, 오피스텔, 빌라, 상가, 토지, 건물 등 여러 종류의 부동산 투자를 경험해 왔고, 지금은 제법 안정적인 수익을 얻고 있다. 그러나 투자에서 얻는 수익이 회사가 주는 연봉보다 높아진 순간에도 사직서를 던지지 않은 이유는 회사가 주는 유익함이 월급보다 가치 있었기 때문이다.

물론 회사생활을 하다 보면 배울 것이 없어 답답함을 느끼기도 하고, 같이 일하고 있는 사람이 소름 끼치게 싫은 상황도 경험할 것이다. 그럴 때마다 '나는 지금 다니는 회사보다 더 크게 성장할 나의 회사를 운영해야 하는 미래의 대표로서 재벌가의 교육을 받고 있다'고 마음을 바꿔 보자. 어려운 일을 겪을 때마다 받게 되는 내적 데미지가 줄어들 것이고, 배우고 익혀야 될 것들이 눈에 보이기 시작할 것이다.

회사의 움직임을 유심히 관찰했을 때 배울 수 있는 중요한 가치 가운데 하나는 바로 '조직의 힘'이다. 여기서 말하는 조직의 힘이란 조직의 비전과 미션을 바탕으로 명확한 목표를 수립해 구성원들과 이를 공유하고, 그렇게 인력과 자원의 가능성을 효과적으로 이끌어낸 후 목표를 달성해 내는 것을 뜻한다.

나 역시 부동산 투자를 함에 있어 이와 같은 조직의 형성 과정을 참고했고, 그 결과 몇 년 전부터 나의 부동산 투자는 안정적으로 지속되고 있다. 내가 다니고 있는 회사가 창립했을 때와 유사하게 일정 자본을 토대로 법인을 만들고, 그 법인의 비전과 장기적인 목표를 설정했으며, 꿈을 함께 나눌 수 있는 파트너들을 찾았다. 또한 매출, 영업이익과 같은 재무적인 목표를 세우고 상황에 맞는 욕심 없는 투자를 통해 수익의 안정성을 보장받을 수 있었다.

장기적인 목표나 방향성 없이 물이 들어온다고 무조건 노를 젓고 멀리 나아가기만 하는 투자는 추후에 물이 빠져나갈 때 '고립'이라는 리스크를 만날 확률이 크다. 투자에 있어 방향성과 목표가 중요한 까닭이다.

6

회사는 이미
당신에게 충분한
기회를 줬다

"조 과장은 적어도 여덟아홉 시까지는 야근 좀 하는 게 어때? 인사
평가 기간에 그렇게 집에 일찍 가면 본부장님께서 우리 팀을 뭐라고
생각하시겠어? 앞으로 진짜 일찍 가야 할 일이 있으면 나한테 별도로
이야기하고 가."

팀원들과 함께한 회의시간에 팀장님이 나를 콕 집어 말했다. 나보
다 직급이 낮은 직원들은 깜짝 놀라 눈치를 보기 시작했고, 별일도 없
는데 항상 집에 늦게 가면서 야근 식대만 축내던 동료들은 통쾌하다는
표정으로 나를 바라보았다. 나는 알겠다고 말한 뒤 야근 계획을 짜기

시작했다.

무계획으로 야근을 한다면 시간은 시간대로 뺏기고, 투자 활동도 할 수 없게 되며, 그로 인해 발생하는 짜증으로 인해 주변 사람들과 갈등을 빚으면서 회사 일도, 투자도 모두 망칠 것이 뻔했다. 피해 갈 수 없는 상황이 온다면 그 상황을 활용할 줄도 알아야 한다.

사적인 시간은
회사가 나에게 준 선물이다

퇴근 후나 주말, 공휴일은 회사의 간섭을 받지 않는 사적인 시간이다. 나는 일주일에 이틀은 퇴근 후 부동산 관련 공부를 하는데 부동산 이론이나 법률, 투자 사례와 같은 정보 등을 주로 익히고 수집한다. 이렇게 얻은 지식과 나의 실제 경험이 만나면, 투자한 물건을 관리하고 시장 조사를 하는 데 큰 도움이 된다.

토요일에는 대학원 강의를 듣거나 부동산에 관련된 사람을 만나기 위해 출퇴근할 때와 동일한 일정을 짜서 움직였다. 그 외에 여유가 생기는 주말에는 가족들과 함께 여행을 간다는 생각으로 전국에 관심이 있는 지역으로 임장(臨場, 현장답사)을 다녔다. 야근하는 날을 제외한 주중의 저녁시간과, 남들 다 쉬는 주말에도 부동산 공부와 투자에 많은 시간을 쏟아부었고, 물론 지금도 비슷한 패턴을 유지하고 있다.

보통 회사에는 연차나 월차 등의 휴가 제도가 마련되어 있다. 나는 연차를 쓸 때마다 더욱 열정적으로 투자 활동에 임했다. 이날은 평일이기에 부동산 매매 및 임대차계약 혹은 등기접수를 하고, 내가 보유하고 있거나 앞으로 살 계획이 있는 부동산 물건지의 평일 유동인구 수나 동선 파악 등 주변 환경을 조사하기도 하며, 부동산 인허가와 관련해서 궁금한 사항은 직접 구청을 찾아가서 문의하기도 한다.

더러는 양손 무겁게 선물을 사 들고 보유한 건물과 상가에서 장사를 하고 계신 임차인들과 주변 상인들을 찾아뵙고 안부를 여쭙기도 하고, 도움을 드릴 만한 게 있는지 체크한다. 회사원들은 평일 저녁과 주말에는 자유롭지만 영업을 하는 임차인 분들은 그 시간에 장사를 하느라 바쁘기 때문에 여유 있는 평일 낮 시간을 활용하는 것이 좋다.

부동산 투자, 퇴사 후엔 너무 늦다!

아직도 회사에 다니면서 투자할 시간이 없다고 생각하는가? 단언

컨대 회사는 이미 투자를 할 수 있는 충분한 시간을 주고 있다. 시간이 부족한 이유는 회사에 있는 시간과 회사가 준 시간을 효과적으로 활용하지 못했기 때문이다. 내가 지금 휴대폰을 보거나 친구들을 만나거나 쇼핑을 하며 즐기는 시간들을 포기하지 않는다면 부동산 투자를 할 시간과 돈은 영원히 부족할 것이다.

퇴직 후 시간으로부터 자유로워졌을 때부터 부동산 투자를 시작할 것인가? 오히려 고정적으로 들어오는 수입이 사라졌기 때문에 부동산 투자가 더 어렵게 느껴질 수 있을 것이다. 그렇다면 회사원보다 자유로워 보이는 자영업자로 살면서 부동산 투자를 할 것인가? 그동안 임차인 분들을 통해 경험한 바로 자영업자는 회사원보다 시간이 없으면 없지 절대 더 여유롭지는 않다.

따라서 우리는 회사가 주는 현재의 소중한 시간에 감사함을 느끼며, 끊임없이 공부하고 투자하며 미래를 그려야 한다.

7

낮에는 회사원, 밤에는 건물주, 부동산 농부의 은밀한 이중생활

"넌 그렇게 살면 안 피곤해? 애도 둘이나 있잖아"

나의 생활패턴을 알고 있는 친구가 걱정하듯 물었다. 나는 남들처럼 회사에서는 평범한 직장인이며, 집에서는 사랑하는 아내의 남편, 그리고 아직 보호가 필요한 어린 두 아들을 둔 아버지다. 그러나 퇴근한 이후 학교에서는 겸임교수, 부동산 시장에서는 투자자, 건물에서는 임차인 분들과 함께 성장해야 하는 건물주, 또한 책을 쓰는 작가 등 여러 가지 모습으로 살고 있다. 다방면으로 성과를 낸다는 것은 몸이 편할 날이 없다는 뜻이기도 하다.

두 가지 일을 하려면 한 가지 일부터
완벽하게 끝내야 한다

나는 하루에 주어진 24시간을 효율적으로 사용하기 위해 후회하거나 걱정하는 시간을 없애고, 주어진 상황에서 최선을 다해 일을 빨리 마무리 짓는 것을 목표로 삼았다. '장고 끝에 악수 난다'라는 말이 있듯이 오래 고민한다고 해서 반드시 좋은 해결책이 나오는 건 아니다. 신속하게 결정을 내리고, 그 결과가 예상에서 벗어났을 때에는 빠르게 수습한 다음 문제점을 파악해 다시 다른 결정을 내리면 된다. 일이란 내가 기대한 방향대로만 흘러가지는 않는다. 그래서 신속한 결정은 시간도 절약시켜 주고, 만약 일이 잘못되더라도 그 경험을 발판 삼아 다시 시도할 수 있는 여유를 마련해 준다.

회사에서는 불필요하게 흘려보내는 시간을 없애고, 주어진 일에만 집중해서 업무시간 중에 최대한 빨리 일을 끝내려고 한다. 투자를 한답시고 회사 업무를 등한시한다면, 회사에서 얻을 수 있는 장점들을 놓칠 수 있으며 업무 능력 또한 저하되기 때문에 부동산 투자를 꾸준히 하기가 힘들어진다. '집에서 새는 바가지는 들에 가도 샌다'라는 속담처럼 주변을 둘러보면 회사에서 많은 부분을 배우고 업무를 효율적으로 처리하는 사람이 개인적인 투자도 잘했다. 업무를 최대한 빨리 그리고 정확하게 끝내야 퇴근 후 온전히 투자에만 집중할 수 있기 때

53

문이다.

회사 안에서는
평범한 회사원입니다

회사에서는 동료들과 부동산 얘기를 하거나, 임차인이나 중개인들과 연락하는 모습을 절대로 보이지 않는다. 부동산 투자를 하는 사실이 주변에 알려지면 순간의 으쓱함은 생길 수 있겠지만 불필요한 시샘 또한 살 수 있기 때문이다. 사촌이 땅을 사도 배가 아픈데 나와 가깝지도 않은 사람들이 이 사실을 알면 어떻겠나? 결국 그들은 내 소중한 회사생활을 망치는 적으로 돌변할 수도 있다. 물론 개인의 임대수익은 연말정산 등 세금 신고 시 회사에서 알게 될 수도 있고, 부동산 카페나 블로그 활동을 하는 것도 추후에 문제가 될 수 있다.

따라서 회사 생활을 하면서 회사 밖의 투자로 인해 발생할 수 있는 리스크를 사전에 예방하기 위해 항상 '보안 철저'를 되새긴다. 부동산과 관련된 연락은 주로 문자로 하며, 통화나 업무는 점심시간 등 업무 외적인 시간에만 한다. 거래에 관련된 업무가 필요하다면 연차를 썼고, 부득이하게 연차를 사용하지 못하는 상황에서는 중개인과 주말에 만나 사정을 이야기하고 협업하여 대리 계약을 했다. 그래도 꼭 참석

해야 하는 상황에서 연차를 쓰지 못한다면 어쩔 수 없이 거래를 포기하기도 했다. 물론 그 순간은 나 역시 몹시 아쉽고 회사가 싫어지기도한다. 그러나 반드시 거래할 사람은 상황이 바뀌어도 거래를 진행할것이며, 버스가 떠나도 다시 버스가 오듯이 그 기회를 놓쳐도 더 좋은기회가 온다는 생각으로 마음을 다스릴 줄 알아야 한다.

나도 사람인지라 회사에 있다 보면 가끔씩 입이 근질거릴 때가 있다. 힘든 상황이 생길 때마다 친한 동료들과 같이 술을 마시면서 주변흉도 보고 싶고, 직장인의 삶에 대해 푸념하고 싶을 때도 있는 것이다. 나는 회사에서 힘든 상황이 닥치면 감정적으로든 경제적으로든 비이성적인 소비를 하지 않고자 애썼고, 보란 듯이 더 잘 살기 위해 잠을 줄여가며 부동산 공부와 투자를 해 왔다. 이러한 자세는 지금도 잃지 않고 있다.

이와는 반대로 일도 열심히 일하고, 관계도 좋은 동료들과 함께하다 보면 부동산에 관련된 조언을 해 주고 싶어지기도 한다. 내 지식과경험이 내가 좋아하는 사람의 성공에 보탬이 되는 것은 나에게도 큰기쁨이기 때문이다. 그럴 때는 단 둘이 있는 상황에서 조심스럽게 도움을 건넨다. 물론 마음이야 더 도와주고 싶지만 아무리 사이가 좋아도 회사 상황이나 본인이 처한 상황이 어려워지면 입장이 바뀔 수 있는 것이 인간관계이기 때문에 그 선을 넘지 않고자 노력한다. 피곤해지기 전에 피곤해지는 일을 만들지 않는 것이다.

회사 밖에서는
대표이사랍니다

회사에서는 특별할 것도 없고 별반 다르지도 않은 수많은 월급쟁이 가운데 하나로 일하지만, 퇴근 후에는 건물주이자 부동산 투자개발 법인의 대표이사로서 다른 삶을 산다. 퇴근 후의 또 다른 일터는 낮에 억눌렸던 마음을 해방시킬 수 있는 해방구이며, 다양한 사람들을 만날 수 있는 소통의 장이기도 하다. 회사에서는 편하게 의견을 나눌 수 있는 사람이 내 직위와 비슷한 사람들로 한정된다. 나보다 상급자들은 일을 지시하는 역할이기에 아무래도 다양한 의견을 나누는 데 무리가 있다. 직급으로 나뉘면서도 처한 상황은 또 서로 엇비슷한 회사 내 관계에서는 발전적인 미래와 넓은 세상에 대해서 이야기를 나눌 수 있는 동료를 찾기가 힘들다. 누군가 아무리 많은 일을 겪었다고 하더라도 회사라는 조직 내의 경험에 한정된 경우가 대다수인 데다, 스스로 판단하기보다는 지시에 따라 일을 처리해야 하는 조직의 특성이 반영되기 때문이다.

그러나 회사를 벗어나 월급쟁이에서 대표로 역할이 바뀌면 내가 만

나는 사람 또한 완전히 달라진다. 그때는 대표이사라는 직책에 맞춰 주로 건물주나 다양한 사업체를 운영하는 대표들을 만나게 된다. 그들은 나이 차이가 많이 나더라도 각자 자신의 분야에서 사업체를 책임지는 존재로서 서로의 경험을 존중하며 예의를 지킨다. 회사와 달리 무례하고 보기 싫은 사람이 있다면 스트레스 받지 않고 조용히 관계를 끊는다. 대표들과의 만남에서 그런 사람은 드문데, 이는 어느 정도 사업을 해봤다면 협업과 관계의 중요성을 깨닫게 되기 때문이라고 생각한다. 또한 그들은 자산과 소득이 많아도 씀씀이는 크지 않다. 명품으로 스스로를 꾸미는 데에는 인색하지만 사람에게 하는 투자, 예컨대 잊지 못할 선물이나 맛있는 음식, 좋은 기억을 남겨주기 위해서는 돈을 아끼지 않는다.

이렇듯 다양한 사람들을 통해서 새로운 세상을 만나기 위해 일주일에 한두 번 정도는 회사와 관련이 없는 분들과의 저녁 약속을 잡는다. 만남의 스펙트럼은 부동산에 국한되지 않는데, 이러한 만남을 통해 다시 새로운 분야의 사람들을 소개받고, 다양한 감각을 익히다 보면 여러 시장의 트렌드를 읽을 수 있고, 한 사람 한 사람의 경험과 신념을 엿볼 수도 있다.

타협하지 않아도 되는 삶을 위해
부동산 투자를 합니다

회사의 전 임원들이 참석하는 중요한 미팅을 시작하기 5분 전에 어머니께 전화가 왔다. 내가 주관하는 회의였기에 떨리는 마음으로 발표를 준비하고 있던 차였다. 그래서 한동안 망설이다가 전화를 받자마자 작은 목소리로 말했다.

"급한 일 아니면 이따가…"

그러자 어머니께서 더 작은 목소리로 말씀하셨다.

"넘어졌는데 다리가 부러진 것 같아서 움직일 수가 없어, 미안해."

고민하다가 임원들께 양해를 구하고 어머니가 계신 곳으로 향했다. 어머니의 상태를 확인한 다음 응급실로 달려가는 구급차 안에서 정신을 추스르던 차 회사로부터 전화가 왔다. 나는 누워 계신 어머니 발끝에 쪼그려 앉은 채 전화를 받았다. 전화를 건 그는 상황을 전해 들었다면서 걱정 섞인 말을 얼마간 건네다가 본인의 급한 업무에 대해서 건조하게 물었다.

그날 회의를 빠지는 순간부터 내가 내릴 모든 결정의 기준은 '즉각적인 문제 해결'에서 '후회의 여부'로 바뀌었다. 삶의 마지막 순간, 회사 임원이 되지 못한 것과 가족들과 소중한 시간을 함께하지 못한 것 중 무엇이 더 후회될 것인가? 내가 돈을 더 많이 벌기 위해 내린 결정이 가족과 주변 사람들에게 얼마만큼의 행복을 더 줄 것인가? 내가 만약 부동산 투자를 하지 않았다면 위기 앞에서 어떤 모습을 보였을까? 밥벌이에 대한 아무런 대안이 없었어도 그 중요한 순간에 수많은 임원들을 등지고 회사를 뛰쳐나갈 수 있었을까?

어떻게 살아야 죽기 전에 후회하지 않는 삶을 살았다고 할 수 있을지 고민해 보니, 부동산 투자와 공부가 내 삶에서 가장 재미있고 의미 깊은 선물이라는 것을 깨달았다. 그래서 나를 부동산의 세계로 이끌어 준 수많은 사람과 상황이 감사하기만 하다.

2장

부동산
농사 투자를 위한
10가지 원칙

1

첫 번째 원칙

준비한다고 여름을 놓치면 겨울에는 굶는다

"내가 상무 되면 자기는 갈 곳이 없으니깐 어떻게든 나 진급 안 시키려고 임 상무 그 인간이 날 엄청 미워했잖아. 근데 얼마 전에 임 상무가 회사 그만두고 할 거 없다고 하더니 퇴직금으로 동네에 편의점 오픈해서 바코드 찍고 있다고 하더라고. 날 그렇게 미워하고 밀어내더니 꼴좋다."

상무로 승진한 실장님을 축하하기 위한 회식자리였다. 이제 정식 임원이 된 실장님은 만취한 채로 자랑이라도 하듯 본인의 상사였던 분을 여러 직원들 앞에서 비웃으면서 즐거워하고 있었다. 전 상무님도

40대 후반에 퇴직을 하셨고, 지금 상무가 된 실장님도 어느덧 40대 중반이 되었다. 두 분 모두 평일에는 야근하다가 회식을 자주 했으며, 주말에는 골프를 즐겼다. 내게는 그 두 분이 별다를 게 없어 보였는데 실장님 혼자 그 생존게임에서 승리했다며 호탕하게 웃고 있었다. 그 모습이 더 안쓰러웠다. 실장님은 퇴직 후에 편의점 점주조차 못할 가능성이 높아 보였기 때문이다.

회사원들은 퇴직 이후의 삶에 대해 술자리에서 안주 삼아 이야기하거나 가벼운 우스갯소리 정도로 여긴다. 누군가는 요리가 재미있다며 식당을 하고 싶어 하기도 하고, 어떤 이는 공인중개사 자격을 취득해서 부동산 중개사무소를 할 것이라고도 한다. 그렇다면 세상에 있는 식당과 부동산 중개업소는 모두 다 퇴직한 사람들이 그저 그 일에 흥미를 느껴 시작한 것일까?

자리를 잡은 자영업자들은 직장인들이 사회생활을 시작한 젊은 시절부터 취업 대신 창업을 선택해 지금의 식당과 중개업소를 일군 프로들이다. 그렇게 오랜 기간 자신의 분야에서 버텨 온 프로들과 갓 창업한 퇴직자가 맞붙으면 누가 이길까? 결과는 뻔하다.

같은 이치로 부동산 투자를 시작할 때에도 인생의 시기를 놓치면 안 된다. 시간과 자본에 여유가 생겼을 때 시작하면 늦다. 열정과 젊음이 있고, 월급을 받을 수 있는 지금부터 공부하고 투자해야 승산을 높일 수 있다.

인생에서 가장 긴 계절은 겨울이다

인생을 사계절로 비유해 보면 10대부터 20대까지의 시절은 봄과 같다. 씨앗을 모으고 뿌리지만 아직 큰 수확을 거두기는 힘들다. 30대부터 40대 중반까지, 사회생활이 제일 활발한 시기는 여름과 같다. 뜨거운 태양이 떠 있는 어려운 환경에서도 젊음을 농기구 삼아 열정을 갖고 일하는 시기다. 농사를 짓는다면 텃밭의 상추, 고추와 같은 소소한 수확도 가능하지만 반대로 여름이라고 하면 휴가가 떠오르듯 즐기려고 마음만 먹는다면 바다나 계곡 등 놀 수 있는 장소와 시간 또한 넘쳐난다.

40대 중반부터 50대 중반까지의 시기는 가을과 같다. 뜨거운 날씨가 선선해지듯이 일에 대한 열정과 체력은 줄어들었고, 힘든 실무는 아랫사람들에게 지시하는 대신 관리감독에 집중하게 된다. 그동안 벌어놓은 자금이 어느 정도 쌓여 있는 상태이며, 아이들도 어느 정도 커서 시간적 여유가 생긴다. 여름과는 달리 날이 선선하기에 골프, 캠핑 등 돈이 많이 들어가는 여가를 즐기는 데 제격이다. 사계절 가운데 가장 즐기기 좋은 시기이며, 농부의 입장에서 보자면 봄과 여름에 뿌려놓은 씨앗이 결실을 맺기에 수확의 기쁨이 가장 큰 시기이기도 하다.

마지막으로 회사를 퇴직한 이후의 시기는 겨울과 같다. 이 시기의 시작은 통상 50대 중반 혹은 아무리 길어도 60대를 넘기기는 힘들다. 게다가 회사의 근속 연수가 점점 짧아지고 있어서 최근에는 40대 후반 정도에 다니던 직장을 그만둬야 하는 상황도 심심찮게 벌어지고 있다. 의학기술이 발전해 평균 수명 100세 이상을 바라보고 있는 시대를 살고 있는 우리에게는 가혹한 일이다. 인생의 활력이 살아 있는 봄부터 가을까지의 기간보다 침체기에 접어드는 겨울이 더 길어졌다는 의미가 되기 때문이다.

인생에서 겨울은 몸과 판단력도 예전과 같지 않으며, 실무에서 손을 놓은 지 오랜 시간이 지났기 때문에 정보수집 능력과 업무처리 능력이 현저히 떨어진 상태다. 퇴직금을 받아서 목돈은 생겼지만 스스로 투자를 하거나 창업을 해 본 경험이 없기 때문에 앞날이 두렵기만 하다. 추운 날씨에 새로운 씨앗을 심기도 힘들뿐더러, 심는다고 해도 잘 자랄 가능성도 낮다. 그저 겨울의 씨앗을 심고 있는 나의 뼈마디만 시리고 아플 뿐이다.

부지런한 농부의 겨울은
봄보다 따뜻하다

미래를 대비하지 않는 무능한 농부라면 여름에는 텃밭에서 수확한 얼마 안 되는 작물로 번 돈을 노는 데 모두 썼을 것이다. 여름에 모든 작물을 팔았다고 할지라도 아직 햇볕이 따스한 가을이면 작물이 다시 열릴 것이고, 농부는 또 그것들을 팔아 이전보다 더 재미있게 즐길 것이다. 그러다 갑자기 날씨가 추워져 더 이상 수확이 불가능한 상태가 되면, 지난가을에 수확한 감자 몇 알을 쥐고 끝을 기약할 수 없는 겨울을 맞이할 것이다.

반대로 유능한 농부는 어떻게 겨울을 맞이할까? 여름의 수확물을 판 돈으로 가을에 수확할 수 있는 다른 작물의 씨앗을 사서 심을 것이다. 뿐만 아니라 여러 해에 걸쳐 과일이 열리는 나무들을 심거나 일찌감치 비닐하우스를 만들어 다가 올 겨울에 대비할 것이다. 유능한 농부에게 겨울은 또 다른 봄과 내년의 수확을 맞이하는 즐거운 휴식의 시간이다.

인생에서 어떠한 농부의 모습으로 겨울을 맞이할 것인가? 나는 한 번 사는 인생의 마지막을 추운 겨울로 끝내고 싶지는 않았다. 그래서 한창 열정적으로 회사를 다녔던, 여름과도 같았던 20대 후반부터 부동산 투자와 공부를 시작했고, 40대가 넘은 지금은 부동산 투자로 창출하는 여러 가지의 작물을 수확하면서 살고 있다.

물론 현재 자신을 보았을 때 한참 전에 여름이 지났고, 가을 또한 지나는 상황이라고 생각될 수도 있다. 그러나 지금 이 순간부터 적은 금액으로 부동산에 대한 공부와 투자를 병행한다면 아무런 준비 없이 겨울을 맞이하는 다른 사람들보다는 더 나은 결과를 맞을 것이다. 투자는 작게 시작해서 크게 키워 나가는 식으로 꾸준히 해야 하며 중간에 돈을 잃거나 흥미가 떨어졌다는 이유로 포기하거나 손을 놓아서는 안 된다.

그동안 모아둔 돈을 어떻게 소비할지 고민하기보다 지금이라도 어떻게든 작은 씨앗을 심어보는 것처럼 투자에 대해 진지하게 고민한다면 충분히 겨울을 대비할 수 있을 것이다. 이렇게 쓰고 있는 나에게도 매서운 겨울과 같은 힘든 시기가 분명 닥쳐올 것이다. 그러나 이제는 겨울이 두렵지 않다. 그저 다음해에 새로이 열릴 풍성한 열매들을 기다리고 있을 뿐이다.

2

두 번째 원칙
아침에 씨앗을 뿌렸다고
저녁에 수확할 순 없다

"한 달 전에 계약한 매수자가 계약 후 아파트 가격이 떨어졌다고 계약을 취소하고 싶다고 하시네요. 어떡하죠? 계약금 돌려주실 수 있으세요?"

중개사무소 사장님의 전화를 받았다. 당장의 실거래가를 확인한 매수자가 마음이 급해졌는지 중개사한테 계약금을 돌려달라고 요청한 것이다.

"사장님, 계약금은 돌려 드릴 수 없습니다. 잔금을 치르시거나, 계약

을 파기하고 싶으시면 계약금을 포기하셔야 한다는 것을 사장님께서
도 잘 아시잖아요."

"제가 아무리 그렇게 얘기해도 설득이 안 돼요. 직접 통화 한번 해
보세요."

중개인이 전화를 끊자마자 매수 계약자가 잔뜩 화가 난 목소리로
전화를 했다.

"당신 이거 집값 떨어질 줄 알고 나한테 팔아먹은 거지? 계약금 당
장 돌려 내!"

"선생님, 직접 판단하시고 계약한 거 아닌지요? 왜 저에게 화를 내
십니까? 중개인께 말씀드린 바와 같이 잔금을 치르고 소유권을 이전
하시거나, 계약을 포기하고 싶으시면 계약금을 포기하시는 방법밖에
없습니다."

"젊은 놈이 어디서 말대꾸야. 내 돈 당장 돌려내라고!"

"이런 분쟁을 막기 위해서 법이 있고 매매계약서가 있는 겁니다. 전
법과 계약에 따라 진행하겠습니다."

부동산 투자를 하다 보면 가끔 이런 불미스러운 상황도 맞게 된다.
이럴 때는 감정을 최대한 추스리고, 이성적으로 응대하려고 노력한다.
마음 같아서는 '계약 후 집값이 떨어졌다고 해서 매도자가 매수자에게

계약금을 돌려줘야 한다면, 반대로 계약하고 집값이 오르면 매수자가 매도자에게 싸게 사서 미안하니 더 비싸게 파시라고 계약금을 돌려줘야 하는지'를 묻고 싶었지만 참을 수밖에 없었다.

돈을 쫓으면
돈에 쫓긴다

부동산 투자를 하다 보면 하루 종일 핸드폰을 놓지 않고 매일매일 아파트 시세를 체크하는 사람들과 만나기도 한다. 그들은 본인이 가진 아파트 단지나 매수 의향이 있는 단지들의 실거래가 알림을 설정해 놓고, 주식 차트를 보듯이 가격의 등락을 수시로 확인한다. 자신이 투자한 아파트가 어제보다 가격이 올랐다고 좋아하기도 하고, 어떤 날은 그 아파트가 시세보다 낮은 가격으로 거래가 되었다는 뉴스를 보고 낙심하다가 가족 간의 거래일 것이 분명하다며 스스로를 위로한다.

자신이 보유한 단지는 규제 지역에 포함될 것 같아서 매도하고, 규제 지역을 피해 다른 아파트를 매수하기도 하는데, 이 과정에서 조급함을 이기지 못하고 매도할 물건의 소유권이 완전히 넘어가지 않은 상황임에도 새로 매수할 물건을 계약하는가 하면, 매수할 물건을 계약만 하고 소유권이 채 이전되지 않은 상태에서도 해당 물건의 가격이 올랐다고 바로 중개사무소에 물건을 내놓기도 한다. 그야말로 매수할 때 찍은 계약서의 잉크가 마르기도 전에 팔아버리는 단타거래가 등장하는 순간이다.

이러한 현상은 잦은 부동산 규제와 정책의 변화, 그것을 자극적으로 배포하는 인터넷 뉴스, 주식처럼 실시간으로 아파트 거래가격을 알려 주고 실거래가 차트를 그려 주는 프롭테크(부동산 자산을 뜻하는 property, 기술을 뜻하는 technology의 합성어)의 발전, 카카오톡과 네이버 카페를 통한 부동산 투자자 혹은 소유자들의 단체 행동, 마지막으로 부동산으로 돈을 벌고자 하는 개개인의 욕망이 결합되어 나타난다.

물론 자본주의 사회에서 돈을 벌고자 하는 욕망을 가지는 것은 나 역시 예외가 아닌 지극히 자연스러운 현상이다. 이러한 개인적인 욕구가 모여 과학이나 사회 발전의 원동력으로 작용하기도 한다. 그렇지만 부동산은 정책과 규제, 세금, 경제 상황, 주변 환경의 변화뿐만 아니라 시대의 트렌드, 매수자의 심리와 같이 수치로 정확하게 표현하기도 어려운 다양한 변수들의 영향을 받는다. 따라서 짧은 시간에 부동산 투자 수익을 내기 위해서 거래를 하는 경우, 실시간으로 변동되는 가격에 영향을 미치는 변수들에 대해서 모두 공부하는 것은 불가능에 가까우며 설령 공부한다고 해도 예상치 못한 요인으로 인해 얼마든지 바뀔 수 있는 것이 현실이다.

주식시장에서 꾸준히 수익을 내는 투자자는 개별 종목의 가격 등락이나 거래량 같은 지표를 보고 단기적인 매매를 하기보다는 해당 기업이 속한 업종의 발전 가능성과 시장의 변화를 보고 장기적인 투자를 한다. 부동산 투자 방식도 다를 게 없다. 현재의 가격만 보고 매매하기보다는 시장의 변화와 미래의 가치를 보면서 꾸준히 투자하는 안목이 필요하다.

어느 식당은 공깃밥이 천 원인데, 또 어느 식당은 이천 원인 것처럼 부동산 가격에는 정해진 기준이 없다. 국가에서 산정하고 평가해 공시하는 공동주택 공시가격이나 공시지가가 있지만 이는 과세의 기준이 되는 가격일 뿐 거래 시세를 반영하는 데에는 어려움이 있다. 따라서 부동산 가격은 일정 시점을 기준으로 현재 가격 대비 상승 혹은 하락의 개념만 있을 뿐 그 일정 시점이 왜 기준이 되는지, 지금이 부동산 가격의 고점인지 저점인지 직관적으로 판단하기는 힘들다.

즉 시세만 놓고 본다면 가격이 싼 부동산도 비싼 부동산도 없으며, 해당 시점의 가격을 인정할 수 있는 시장 상황에 맞춰 시시각각 변경될 뿐이다.

부동산 투자는 땅이 아닌
사람을 상대하는 것이다

만약 당신이 아파트, 빌라, 상가, 토지 같은 부동산에 투자한 상황이라면 그것을 묘목이라 생각하고 잘 자랄 수 있게 소중히 키워 나가야 한다. 나무가 다 크기도 전에 주인이 바뀌거나 비료나 물의 양, 가꾸는 방법이 수시로 달라져 버리면 그 나무는 크게 성장하지 못할 것이다.

실제로 매수자가 수시로 바뀌는 집이나 상가는 임차인도 안정성을 느끼지 못하고 자주 바뀌는 성향을 보이며, 그에 따른 인테리어비와 수선비도 자주 발생한다. 과거 거래 이력은 등기부등본을 발급받으면 모두 확인할 수 있기 때문에 잦은 매매 이력을 이유로 문제가 있는 물건이라고 생각하고 매수를 꺼리거나 가격을 깎기도 한다.

잦은 매매는 그 부동산에 거주하는 임차인의 불안감을 높인다. 일부 투자자는 부동산 매매를 할 때 소유권이 바뀐 사실을 임차인에게 알리지 않고 방치하기도 한다. 이 때문에 실제로 수년 전에 매도한 한 빌라의 임차인이 나에게 집주인을 찾아달라고 부탁한 적이 있다. 보일러가 고장났는데 도대체 누가 집주인인지 모르겠다는 것이다. 이런 상황을 사전에 막기 위해 나는 매매 시 중개사무소에서 신규 매수자가 현재 임차인에게 연락처를 남기도록 하거나 내가 임차인에게 연락해 매매 사실을 알린다.

그런데 집주인을 찾지 못하고 있었던 그 집은 내가 매도한 이후 몇 개월 단위로 두어 번의 매매가 더 일어났으나 매도자, 매수자, 중개인까지 거래에 관련된 그 누구도 임차인에게 이 사실을 통보하지 않았다. 중간에 한 명이 전화를 안 받자 나 역시 지금의 집주인을 찾기 어려웠고, 한겨울에 어린아이까지 있는 임차인은 불만을 토로했다. 결국 해당 주택 주변의 부동산 중개사무소를 수소문해 최종 매수자의 연락처를 찾아서 임차인에게 알려준 경험도 있다.

다행히 이 사건은 어찌저찌 해결이 되었지만 부동산에 투자한 후 토지와 건물, 심지어 임차인까지 무책임하게 방치하는 행태가 지속된다면 사회 전반에 퍼져 있는 부동산 투자자에 대한 부정적인 인식이 쉽게 바뀌지 않을 것이다.

만약 본인의 위치가 임대인이고, 임차인에게 전세 혹은 월세를 받는다면 임차인을 위한 안정적인 생활 환경 혹은 원활한 사업 환경을 보장해야 한다. 그것이 부동산 투자로 돈을 버는 임대인의 의무다. 기본적으로 이러한 의무를 지키고, 부동산 자산을 나무로, 이를 사용하는 임차인을 고객으로 생각하고 정성스럽게 관리한다면 부동산의 가치가 상승할 것이며, 장기적으로는 부동산 투자에 대한 인식도 변화할 것이다.

3

세 번째 원칙
농사에 익숙해져도
여물지 않은 곡식은 베지 마라

"사장님, 저 꼭 전세 맞춰야 잔금 치를 수 있습니다. 제발 부탁드릴 게요."

나는 병 주스 선물상자를 양손에 든 채 온 동네 중개업소를 찾아가 울먹이듯 애원하고 있었다. 이번 투자는 매수 계약 후 전세입자를 받 으면서 잔금을 치르는 투자를 시도해 보겠다며 계약금을 내고 계약서 를 써 놓았다. 그러나 임차인을 쉽게 구할 수 있는 지역임에도 임차인 이 구해지지 않았다. 혹시 몰라서 매수 계약 시 잔금 날짜도 여유 있게 6개월 뒤로 잡아놨지만 잔금이 두 달 남짓 남은 지금까지 전세 임차인이 구해지지 않았으니 안달이 날 만도 했다. 중개인은 이미 매도자가 잔금 날짜에 맞춰서 이사 갈 집을 계약한 상태니까 꼭 그날에 맞춰 잔금을 치러야 한다고 내게 엄포를 놓고 있었다.

투자를 하겠다고 계약을 한 그 집은 수리도 모두 된 상태인 데다 남향인 로얄층에 앞도 탁 트여 조건이 좋은 곳이었다. 무엇보다 내가 내놓은 전세 가격은 주변 시세보다 눈에 띌 정도로 저렴했다. 심지어 학군 역시 그 지역에서 제일 좋은 곳으로 전세가 이렇게 안 나갈 곳이 아니었다. 전세입자를 구하기 위해 매일같이 그 동네 중개업소를 방문했지만 잔금일 한 달 전까지 세입자도 잔금도 구하지 못했다.

결국 상황은 계약금 몇천만 원을 포기해야 하는 쪽으로 치달았다. 그도 그럴 것이 내가 매매계약을 마치고 잔금일 전까지 전세입자를 구하던 그 시기에 맞춰 정부에서 부동산 거래 불법행위 단속을 명목으로 부동산 중개사무소를 들쑤시고 다녔다. 대부분의 중개사무소가 단속을 피하기 위해 임시휴업에 들어가 문조차 열지 않았고, 그로 인해 집을 보여주기가 더욱 힘들어진 것이다. 결국 임차인을 구하기는커녕 잔금조차 치를 수 없는 상황이 되었고, 불행 중 다행으로 해당 아파트의 가격이 오른 상황이었기에 매도자와의 협의 끝에 더 높은 가격으로 새로운 매수자와 거래하는 조건으로 계약을 취소한 후 계약금을 돌려받을 수 있었다. 계약금을 돌려받긴 했지만 나는 투자 실수 때문에 몇 달간 큰 실의에 빠졌다.

능숙해졌다고 생각할 때
사고는 일어난다

분명 나는 가격이 상승할 만한 지역을 잘 선정했고, 그 가격이 오르는 시기도 올바르게 판단해서 계약을 했다. 층이나 향 그리고 상태가 좋지 않은 물건을 고르는 실수를 하지도 않았다. 실패의 원인은 단 하나였다. 내가 그동안 부동산 투자를 잘해 왔고 공부를 많이 했기 때문에 스스로를 부동산 전문가라고 착각한 것이다. 당시 내 마음속에는 당연히 이번에도 계획대로 잘될 거라는 자신감, 아니 자만심이 자리잡고 있었다.

물건만 보고 중개사무소에 들어가 덥석 계약하지 않고 여러 중개업소를 다니면서 중개인과 매도인, 그리고 그 지역 사회의 특성을 조금 더 파악했더라면, 그리고 나의 자금과 신용으로 온전히 소유권 이전을 마칠 능력이 있었다면, 무사히 임차인을 받을 수 있었을 것이고 추후에는 시세차익도 봤을 것이다. 그러나 지금까지 아무 문제없이 잘해 왔고, 계속 잘될 거라는 착각에 빠져 애써 얻은 기회를 놓치고 만 것이다.

물론 돌이킬 수 없을 만큼의 큰 실패는 아니었지만 나는 이 실패를 통해 미래의 시세 차익의 기회를 놓쳤으며, 해당 투자에 온 신경을 집중하느라 다른 투자를 할 수 있는 기회비용마저 잃게 되었다. 가장 심각한 손해는 잔금을 구하기 위해서 다른 소중한 부동산을 판 것과 6개월이라는 소중한 나의 시간과 에너지를 허비했다는 것이다. 그 스트레스와 자책감은 사건이 종료된 이후에도 한동안 계속되었다.

부동산 시장, 절대 강자는 없다

대통령이 나서도 잡을 수 없는 것이 집값이고, 경제부 총리도 자기 집을 팔 때는 근처 중개사무소에 내놓는 것이 현실이다. 지역별로 물건별로 모두 다른 부동산 시장에서 내가 스스로 한 분야의 부동산 전문가라고 생각하는 순간 실수를 하게 된다. 회사에서는 업무상의 실수를 하면 질책을 받지만, 누군가로부터 도움을 받아 이를 해결하거나 고칠 수가 있다. 그러나 냉정한 투자 시장에서는 내가 잘못된 행동이나 판단을 해도 듣기 좋은 말만 해 줄 뿐 진실한 조언을 해 주거나 도와주는 사람이 없다. 회사는 협업으로 유지되는 조직이며 그 구성원들 또한 재직과 승진 그리고 월급이라는 유사한 목표를 공유하지만, 회사를 벗어나는 순간 각자의 목표가 달라지고 나 외에 다른 사람까지 신경 쓸 겨를이 없어지는 건 어찌 보면 당연한 일이다.

이 사건 이후로는 아무리 좋은 투자 물건이 나와도 절대 무리하게 투자하지 않는다. 전세 계약을 해야 한다면 반환해야 할 보증금은 어느 정도 확보하고, 매수 이후 임차인을 받을 계획이라면 잔금을 치를 때 세입자의 보증금을 활용하지 않고 오직 나의 자금과 신용으로 잔금을 납부할 수 있는 여력을 마련한 다음에야 매매 계약을 한다. 이렇게 부동산 투자를 진행하다 보면 자금 활용성이 떨어지기 때문에 수익률이 높은 물건이나 주요 입지에 있는 부동산에 투자할 수 없는 경우도 생긴다. 그러나 그런 물건을 놓치더라도 그것은 하늘의 계시거나 원래 나에게 맞지 않는 옷이었다고 생각하고 미련을 두지 않는 것이 좋다. 실패한 투자를 통해 분수에 맞는 투자가 얼마나 중요한지 깨달았기 때문이다.

지금도 부동산을 보기 위해 현장으로 나설 때에는 항상 초보자라는 마음으로 중개사무소 문을 연다. 그리고 시간을 갖고 현장 사람들과 더 많이 대화하며 정보를 수집한다. 내가 알고 있는 것들은 빙산의 일각이며, 지역과 시기에 따라 모든 것이 달라질 수 있다는 것을 염두에 두고 투자한다. 예를 들어 내가 아무리 귤 농사를 잘 짓는 제주도 농부라 해도, 강원도에 간다면 땅과 기후가 달라져 제주도에서의 농사 방식이 유효하지 않을 수 있다는 것이다. 항상 주변 사람들의 노하우와

정보를 습득하고 상황과 시기에 맞는 농사법을 도입해야 실패 확률을
줄일 수 있다.

4

네 번째 원칙
쟁기와 괭이가 닮을수록
풍년에 가까워진다

"요즘 그 가격에 살 수도 없고, 물건 자체가 나오지도 않아요. 나중에 비슷한 물건 나오면 연락드릴게요."

이번에도 비슷한 대화가 오갔다. 처음 전화하는 중개업소라면 당연한 결과다. 나 또한 내가 찾는 비슷한 물건이 나와도 나에게 가장 먼저 전화하지 않을 것임을 알고 있다. 아마 그 중개사 역시 내가 다시 전화하지 않을 것임을 알고 있을 것이다. 좋은 물건이 나오면 통성명도 제대로 하지 않은 낯선 사람보다는 더 많은 돈을 벌게 해 줄 수 있거나 가까운 사람에게 먼저 기회를 주는 것이 당연한 이치다.

나는 물건을 자주 사고팔아 중개사들이 돈을 벌 수 있게 해주는 것도 아니고, 구매 수요를 갖고 있지도 않으며, 지역 유지처럼 한 동네를 주름잡고 있지도 않다. 따라서 중개사들의 기억에 스치기라도 하려면 남들보다 한 번 더 움직이는 수밖에 없다. 그러나 회사를 다니는 상황에서 평일 낮 시간을 여유롭게 활용할 수는 없기 때문에 다음과 같이 움직인다.

현장 조사를 할 때는 쉬는 것처럼 일한다

1단계는 인터넷 검색뿐만 아니라 임장을 통해 투자 가능성이 높은 지역을 선정하는 것이다. 여기서 임장이라는 단어가 부담스럽게 느껴질 수 있지만 내가 주로 하는 임장이란 퇴근길에 평소에 내리지 않던 역에 내려서 둘러보기, 자전거를 타고 다니면서 가 보지 않은 동네에 가 보기, 친구들과 약속을 잡을 때 굳이 새로운 지역으로 잡기, 가족과 주말에 놀러갈 때 한 번도 가 보지 않은 도시로 떠나는 정도다.

아직 아이들이 어리기 때문에 특별한 일정이 있는 건 아니다. 새로운 동네의 공원 놀이터 혹은 아파트 놀이터를 찾아다니면서 놀고, 그사이에 네이버 지도를 보면서 지역을 익히며 상가가 밀집해 있는 주변의 식당가를 찾아간다. 주로 오래된 맛집은 구도심에 있고, 핫플레이스는 신도심에 있는 경우가 많다. 놀이터를 중심으로 주변 주거 지역의 특성을, 맛집을 중심으로 주변 상업 지역의 특성을 파악한다. 식후에는 소화시킬 겸 동네를 산책하며 환경을 살펴보고, 차를 몰고 집으로 돌아오면서 지하철 및 도로 교통망을 확인한다.

자주 두드려야 마음이 열리고, 마음이 열려야 입도 열린다

2단계로 평일 야간에 네이버 부동산과 지도를 켜 놓고 인근 공인중개사무소명, 대표자명, 전화번호 그리고 해당 중개인이 가지고 있는 물건의 평형, 가격 등을 엑셀로 정리한다. 그런 다음 통상적으로 잔금 거래가 이뤄지는 오전 11시부터 오후 2시까지의 시간을 피해 틈틈이 한두 곳씩 전화를 돌린다.

보통 전화로만 물어보면 구체적인 정보를 알려주지 않고 퉁명스럽게 전화를 끊거나 언제 한번 방문하라고 권유한다. 중개사는 전화를 하는 내가 혹시 다른 중개사일 수도 있고, 그 주소에 직접 찾아가서 거래를 할 수도 있기 때문에 토지와 같은 경우 물건지의 지번, 아파트와 빌라 같은 공동주택인 경우 호수까지는 소개하지는 않는다.

이렇게 전화를 돌리는 과정에서 물건에 대해 자세히 소개해 주거나 지역에 대해서 친절하게 브리핑을 해 줄 수 있는 중개사를 확보한 경우 리스트에 표시한 후 방문 약속을 잡는다.

부동산은 준비하지 않은 자에게 맨얼굴을 보여주지 않는다

3단계로 주말에 방문 약속을 잡은 중개사무소에 들러 지역 브리핑을 듣고 물건을 확인한다. 여기서 중요한 건 해당 지역에 대한 정보 수집과 임장이 사전에 어느 정도 진행된 상태여야 한다는 것이다. 미리 공부를 해둬야 해당 지역에 대한 잘못된 정보나 장단점 등을 중개사로부터 들을 수 있고, 이를 바탕으로 투자에 대한 냉정한 판단을 내릴 수 있다. 만약 지역에 대한 임장과 공부를 생략한 채 해당 지역 중개사의 브리핑을 먼저 들으면 좋은 점만 머릿속에 남아서 부동산 투자의 금사빠(금방 사랑에 빠지다)가 될 수 있다.

약속한 중개사무소를 모두 둘러보았다면 퉁명스러웠던 중개사무소도 잊지 않고 최대한 방문하려고 한다. 지방의 경우 오래된 곳들이 동네 주민들의 물건을 상대적으로 많이 가지고 있기 때문이다. 물건이 많다는 것은 그만큼 좋은 물건이 있을 확률이 높다는 것을 의미하고,

가만히 있어도 오래된 고객들이 알아서 찾아오기 때문에 나와 같이 익숙하지 않은 사람에게까지 군이 친절할 필요성을 못 느낄 수 있다. 이렇게 주말을 이용해서 몇 개의 중개사무소를 다니다 보면 금세 몇 주가 지나고, 물건을 보는 시야가 확장될 것이다.

어떤 지역에 투자하려면
그 지역의 주민이 되어야 한다

4단계는 지속적인 관계 유지다. 해당 지역에 지속적으로 투자할 대상이 정해지고, 물건을 매수했다면 해당 물건의 관리를 위해서라도 관계 유지는 필요하다. 여기에는 내가 내 물건을 계속 지켜볼 수 없기 때문에 작게라도 그 주변 사람들에게 도움을 요청할 일이 생길 수 있다는 실리적인 이유가 포함된다. 만약 물건을 매수하지 않았다고 해도 앞으로 좋은 물건을 구하기 위해서는 마찬가지로 관계 유지가 필요하다.

관계 유지의 대상은 지역의 공인중개사로만 그치지 않는다. 지방인 경우 이장과 사무장, 주변 상인들, 내 건물 인근의 토지 및 건물의 소유주, 주변 임차인까지 그 범위에 포함된다. 얼핏 보면 오지랖처럼 보일 수 있다. 그러나 내가 해당 지역의 부동산 투자를 하는 이유는 그 지역이 같이 성장하고 발전하는 데 보탬이 되기를 바라기 때문이기도 하다. 이러한 나의 마음이 전달이 되었는지 한 주민께서는 건물에 누가 자꾸 쓰레기를 몰래 버린다고 신고를 해 주시기도 하고, 우편물을 챙겨 놓았다가 내가 방문했을 때 주시기도 한다. 또한 중개사도 물건이 나오면 가장 먼저 연락해 지번까지 알려주며, 심지어 가격이 적정한지까지 알려주기도 한다.

저절로 익어 입으로 떨어지는
부동산은 없다

부지런한 농부는 자연스레 논과 밭에 자주 나가게 되고, 이웃들은 이런 모습에 관심 없는 것 같아도 내가 어떻게 일하는지를 모두 알고 있다. 심지어 지나가는 강아지도 매일 꾸준히 마주치는 농부는 알아본다. 그렇게 부지런하면 풍년을 맞지 않을 수 없다. 부동산 투자도 마찬가지로 부지런하게 공부하고 관계를 쌓아야 좋은 물건을 구할 수 있고, 신속하게 결정할 수 있다. 특히 상가나 건물, 토지의 경우는 아파트와 달리 같은 지역에 있다고 하더라도 형태와 성질이 모두 다르고, 거래 당사자가 해당 부동산을 직접 사용하는 경우가 드물기 때문에 그 지역에서 가장 많은 정보를 빠르게 얻고, 내 편이 많은 사람이 매매 협상에서 우위를 가질 수밖에 없다.

물건 관리 시 보수가 필요하거나 임차인들이 겪는 불편함에 대해 사전에 파악하고 조치하는 것도 역시 이 '성실함'이 있어야 가능하다. 이를 통해 관계가 다져지면 임차인은 임대인을 단순히 월세만 받는 사람이 아닌 동업자로 받아들이며, 비로소 같이 발전할 수 있는 계기가 만들어진다. 사람들은 부지런하고 긍정적이며 성공한 사람을 돕고 곁에 두고 싶어 하는 반면, 게으르고 부정적인 사람과는 거리를 두고 싶어 한다. 부동산 투자자가 해당 부동산의 명의만 사 놓고, 건물주의 의무인 건물과 임차인 관리를 소홀히 한 채 그저 시세가 오르기만을 기다리는 것은 마치 사과나무를 심어놓고 물도 주지 않으면서 그날부터 입을 벌리고 누워 사과가 떨어지기만을 기다리는 것과 다를 바 없다.

5

다섯 번째 원칙
농부는 굶어 죽어도
종자는 남겨 둔다

"대출을 많이 받았는데, 이자랑 물가가 같이 오르니까 생활하기가
힘드네. 첫째 영어유치원도 보내야 하고, 도우미 이모님 급여도 계속
오르고…."

걱정이 많은 이 친구는 부동산이 상승하는 시장 상황에서 무리를
해 가며 집을 장만했다. 서울로 출퇴근하는 맞벌이로 안정적인 직장
에서 부부 합산 월 칠백만 원 정도의 월급을 받고 있었고, 아파트 구매
자금은 본인의 돈과 아파트 담보대출만으로는 모자라서 부부가 신용
대출까지 최대한도로 받아 놓은 상태였다. 월급이 안정적으로 나오고,

집값이 상승하기 때문에 매월 발생하는 대출 이자는 문제가 안 된다고 생각했다. 일 년 전까지는 이렇게 해도 생활이 가능했는데 문제는 아이를 돌봐주시던 어머니께서 편찮아지면서부터 시작되었다.

그때부터 어쩔 수 없이 맞벌이를 유지하기 위해 아이를 돌봐 줄 도우미를 고용해야 했는데, 코로나19 사태로 대면에 대한 불안감이 있는 상태에서 입주 도우미를 구하기는 하늘의 별 따기였다. 부부가 출근하고 나서 아이를 어린이집까지 데려다줄 한 분과, 4시 이후부터 부부가 퇴근할 때까지 아이를 돌봐줄 한 분, 결국 이렇게 두 분의 도우미를 구할 수밖에 없었다.

도우미 급여로 월 200만 원이 추가로 지출되었고, 얼마 전부터 신용대출 이자도 정확히 두 배로 뛰었다. 더욱이 평소 보내고 싶었던 영어유치원 비용이 월 200만 원 정도 된다고 하니 이를 합하면 생활비가 부족할 지경이 되었다. 그렇다고 고정적으로 나가는 자동차 할부금, 관리비, 통신비, 기름값과 교통비, 보험료를 줄일 수도 없었다. 설상가상으로 집을 살 때 3년 고정금리로 받은 주택담보대출 이자마저 곧 상승할 위기에 놓였다. 계산을 마친 친구는 한숨을 쉬면서 말했다.

"집값이 오르면 모두 괜찮을 줄 알았는데, 그게 아니더라. 내 집은 올라도 어차피 내가 깔고 앉아 있으니 아무런 이득이 없어. 행복하자고 산 집인데 너무 힘드네. 아내나 나 둘 중 한 명이 일을 그만두고 아이를 봐야 할 것 같은데, 또 그러면 월급이 반으로 줄잖아."

친구가 안고 있는 문제의 원인은 세 가지다.

문제 ①: 가격 상승이 모든 걸 해결해 줄 거라는 천진한 착각

첫째는 아파트 구입 목적이 오직 '가격 상승'이었다는 것이다. 친구의 아파트는 서울과 근접한 경기도에 위치해 있다. 구매했을 당시보다 시세는 정확히 1억 원이 올랐는데, 최근 실거래가 기준으로는 7,000만 원 정도 상승했고, 매수 시 인테리어 수리비용 2,000만 원이 들었으니 실제로는 5,000만 원이 오른 셈이다. 이것만 보면 성공한 투자라고 생각할 수 있으나 전세가를 살펴보면 매매가의 50% 수준으로 2년 전과 큰 차이가 없다. 더욱이 구매한 아파트는 구매하기 전에 전세로 살던 아파트와 동일하다. 만약 아파트를 사지 않고 전세계약 갱신 청구권을 사용했으면 비슷한 전세가로 무리한 매매에 따른 이자부담 없이 동일한 생활환경을 누리면서 살고 있었을 것이다.

내가 가지고 있는 아파트의 시세가 상승했을지라도 그 아파트에 내가 거주하고 있어서 팔지 못하는 상황이라면, 그 높아진 시세는 투자에 따른 수익이라고 보기에는 다소 어려움이 있다. 동일한 생활환경에

91

서 해당 기간의 매매가와 전세가를 비교했을 때, 과연 아파트 매수와 가격 상승이 이 친구에게 주거의 안정성 측면에서 혹은 경제적인 측면에서 어떤 도움이 되었는지는 알 수 없었다.

문제 ②: 미래의 현금흐름을 고려하지 않은 성급한 투자

둘째는 아파트를 구매할 당시의 현금흐름만 확인하고, 미래에 발생할 예측 가능한 현금흐름에 대해서는 깊게 고민하지 않았다는 점이다. 아이가 커서 유치원을 가는 것은 거의 확정된 미래다. 따라서 영어유치원을 보내고 싶었다면 그에 대한 계획을 세웠어야 했다. 그것을 고려하지 않고 아파트를 무리해서 구매한 것은 아무리 아파트 가격이 오른다고 할지라도 가계에 부담이 많이 가는 결정이었다고 볼 수 있다.

아이가 커 가는 상황에서 고정비를 줄이는 건 불가능에 가깝기에 결국 생활비를 줄이는 수밖에 없다. 하지만 이러한 생활비 대부분은 식비와 교육비 등 삶의 질에 직접적인 연관이 되어 있는 지출이기에 생활비를 줄이면 삶의 질이 함께 하락하게 된다.

문제 ③: 돌발상황에 대비하지 못한 헐거운 위기관리

마지막 문제의 원인은 예측이 불가능한 사태에 대비할 수 있는 여유

자금을 비축해 놓지 않았다는 점이다. 어머니의 건강 문제는 친구가 생각하지도 못한 문제였다. 특히 이 친구에게는 어머니의 건강 문제가 재정적인 부분뿐만 아니라 심리적으로도 큰 타격을 줬다.

성인이 되고 가정을 꾸리게 되면 더 이상 부모님의 도움을 받을 수 없다고 생각하고 투자에 임해야 한다. 부모님은 연세가 많으시기에 노동으로 인한 수익을 창출하는 데 어려움이 있다. 이 때문에 한 번 목돈을 잃으면 다시 회복하기가 매우 힘들고, 연로한 부모님은 언제라도 건강이 안 좋아질 수 있기 때문에 병원비와 같은 여유 자금은 항상 준비해 놓아야 한다.

나이가 들수록 부모님뿐만 아니라 형제자매 심지어 주변 사람들까지 어쩔 수 없이 도와야 하는 상황이 생길 수 있으므로 일정 부분 여유 자금을 항상 마련해 놓는 것이 바람직하다. 본인만 편안하면 된다는 생각으로 투자하다 보면 돈을 필요할 때 쓰지 못하게 되면서 소중한 사람들과의 관계가 요원해질 수 있고, 더불어 사는 인간다운 행복감을 맛보지 못할 수도 있다.

미래를 생각하지 않는 투자는
내일을 당겨 오늘을 막는 곡예와 같다

농부가 굶어 죽을지언정 종자를 남겨 두는 이유는 결국 미래를 대비하기 위함이다. 종자까지 모두 먹어 버린다면 그날 하루는 조금 살만한 것 같아도, 내년에는 살아갈 수 있는 가능성조차 소멸되어 버리기 때문이다. 부동산 투자도 마찬가지다. 미래 현금흐름과 자금을 확보해 놓지 않으면 작은 변동성에도 큰 타격을 입을 수 있다. 그 타격은 현재뿐만 아니라 미래에까지 지속적으로 영향을 미친다.

이는 내 집 한 채만 가진 사람이나, 여러 채의 부동산을 가지고 사람이나 동일하게 적용된다. 임차인의 전세금 반환 과정에서 부동산 거래가 경직되고, 전세 및 매매가격이 하락하는 상태에서 여유자금이 부족하면 스텝이 꼬이기 시작한다. 결국 도미노가 넘어지듯 작은 어긋남 하나가 모든 자산을 연쇄적으로 넘어뜨릴 수 있다.

도박을 주제로 한 영화 〈타짜〉 시리즈에서 우리에게 일관되게 전달하는 메시지가 있다.

"본인이 가진 모든 걸 걸었을 때 실패하면 살아남을 수 없고, 살아남아도 이 판에 다시 복귀할 수 없다."

6

여섯 번째 원칙
보릿고개를 넘기 위해서는
기준을 세워야 한다

"사장님 오늘 도미회 얼마예요?"

산지 직송의 싱싱한 생선을 요리해 주는 횟집에 가면 가격표에 시가(時價)라고만 적혀 있다. 횟집 주인은 매일매일 경매로 도미를 사 오는 가격과 수량 그리고 신선도에 맞춰 도미회의 공급가격을 다르게 책정한다. 그 가격을 손님들에게 말했을 때, 비싸다고 생각하는 사람은 사 먹지 않을 것이고, 값이 적당하다고 생각하는 사람은 사 먹을 것이다. 만약 태풍이 불어서 배가 들어오지 않으면 도미 공급에 차질이 생겨 가격이 오를 수 있고, 불황을 맞아 회를 사 먹을 수 있는 고객이 줄어들거나 도미가 몸에 안 좋다는 뉴스가 보도되면 수요가 급감해 가격이 떨어질 수 있다. 이렇듯 도미회의 시가는 공급과 수요의 영향을 양방향에서 수시로 주고받으며 시장에서 균형을 맞춰 간다.

땅은 움직이지 않지만
부동산 시장은 살아 움직인다

부동산의 가격도 싱싱한 도미의 시가와 같이 상승과 하락을 반복하며 형성된다. 그러나 부동산과 도미회에는 분명한 차이가 있다. 도미회는 안 먹어도 사는 데는 지장이 없기 때문에 가격이 아무리 비싸져도 영끌('영혼까지 끌어 모았다'의 줄임말)해서까지 사 먹지는 않는다는 것이다. 그러나 부동산의 경우 집은 없으면 안 되는 필수재이기 때문에 가격의 단위가 크더라도 주변에서 사야 한다고 부추기면 무리해서 구입하는 경우가 발생한다. 또한 도미회를 살 돈이 부족하다면 조금 더 저렴한 광어회나 덜 신선한 도미회를 먹어도 되지만, 내가 직접 살아야 하는 아파트는 구매 후에도 나에게 미치는 영향이 지속되기 때문에 눈높이를 낮추기가 쉽지 않다.

위와 같은 개인적인 이유들은 본인에게는 매우 중요할 수 있지만 전체적인 경제 시장에서 볼 때는 지극히 개인적인 사정일 뿐이며, 부동산 시장의 가격은 지금 이 순간에도 오르내리며 자연스럽게 살아 움직인다. 이는 여름이 덥다고 해서, 혹은 겨울이 춥다고 해서 계절을 바꿀 수는 없는 것과 같은 이치다. 심지어 우리는 정부에서 부동산 가격을 잡기 위해서 나섰어도 시장의 흐름을 막지 못했다는 사실을 과거의 경험을 통해서 확인했다. 따라서 우리는 그 시장의 변화와 흐름에 대한 대비를 철저하게 해 놓아야 한다.

다시 한 번 강조하지만 부동산뿐만 아니라 자본주의 시장의 그 어떠한 경제요인들도 개인의 사정을 봐주는 경우는 없다. 한 개인의 자산가치가 상승해도, 반대로 모든 것을 잃고 사라져 버려도 아무런 동요 없이 냉정하게 움직이는 것이 시장이고 사회다. 개인 투자자의 입장에서 이러한 시장의 움직임은 상승장에서는 한없이 사랑스럽다가도 하락장에서는 원수처럼 미워진다.

대부분의 사람들은 상승장의 장밋빛 미래를 보고 부동산 불패신화를 외치며 투자를 시작하지만, 하락장을 맞이하게 되면 부동산은 이제 끝났다고 선언하며 떠나버린다. 그러나 부동산 가격은 등락을 반복하며 시장에 맞춰 자연스럽게 변동하기 때문에 투자자는 서퍼가 파도를 타듯이 스스로 균형을 잡으면서 살아남아야 한다.

컴컴한 시장에서 헤매지 않으려면
스스로 등불을 밝혀야 한다

    부동산 투자시장에서 오래 살아남기 위해서는 먼저 자기 삶의 성향과 경제적인 수준을 알아야 하고, 시장을 냉정하게 바라볼 수 있어야 하며, 계획적인 투자를 장기적으로 할 수 있어야 한다. 개인적인 감정 없이 수익적인 측면에서 객관적으로 투자하는 것, 이것이 바로 개인 투자자와 달리 꾸준하게 수익을 내는 전문 기관투자자(은행, 보험사, 연금, 재단, 공제회 등 금융 관련 기관뿐만 아니라 전문적으로 투자를 하는 일반 기업도 있다)의 기본적인 특징이다.

    전문 투자자들은 본인들의 자금 운용 특성에 따라 추구하는 요구 수익률을 정해 놓았으며, 그 요구 수익률에 합당한 부동산 투자를 검토하기 위해 투자 제안서를 심도 있게 검토한다. 그리고 그 안에서 투자 대상, 투자 기간, 모집금액, 예상 수익률, 민감도뿐만 아니라 이와 관련된 경제 및 금융 관련 자료까지 집중적으로 검토한다.

    투자 대상은 어떠한 부동산에 투자하는지에 대한 것으로 입지, 규모, 발전 가능성, 임차인 현황, 주변 시세 등 투자할 물건에 대한 정보가 담겨 있다. 투자 기간을 보면 언제 사서 언제 매각할지에 대한 계획을 알 수 있다. 모집금액은 해당 부동산을 구매하거나 개발하기 위해 필요한 총 투자금액이 얼마인지 나타낸다. 예상 수익률은 해당 부동산을 투자했을 때 받을 수 있는 임대 수익과, 향후 매각 시 예상되는 매매 사이 차익과 수익률을 표시한다.

마지막으로 민감도는 특히 중요하게 보는 항목으로 투자 대상과 시장의 변동에 따른 예상 수익률의 변화를 보여준다. 예를 들어 이자가 몇 퍼센트 오를 때마다 수익률이 몇 퍼센트씩 떨어지는지, 임대 목적의 부동산이라면 공실이 늘어날 때마다 수익률이 몇 퍼센트씩 변화하는지를 나타내며, 공사가 진행되고 있는 중이라면 공사 기간의 변동, 매매차익의 변화, 금융 및 세제 변화 등 환경이 변할 때마다 예상 수익률이 얼마나 민감하게 변하는지를 단계별로 보여준다. 즉 예상되는 미래 상황을 수익률을 중심으로 다양한 요소들을 결합시켜 입체적으로 검토하는 것이다. 이를 통해서 전문 투자자는 시장의 변화를 미리 예상하고, 그러한 변화가 실제 발생할 시 즉각적으로 대응할 수 있게 된다.

대부분의 개인 투자자는 이러한 검토 없이 지금 당장의 수익률이나 예측하기조차 어려운 미래의 매매차익을 근거로 무작정 투자를 진행한다. 좋은 입지를 무조건 사 놓으면 언젠가는 오른다는 식의 무계획적인 투자는 자금력과 시간이 풍부한 사람에게는 합당한 논리일 수 있다. 그러나 개인 투자자 대부분은 부동산 시장이 침체기인 상황이라면 시장이 변화되어 가격이 오르는 것을 기다리는 시간에 세금과 이자를 내기도 빠듯하다. 심지어 가격이 하락했는데 거래량마저 없어지면 팔지도 못한다.

쉽게 비유하자면 시장이 극심한 침체기에 빠지면 손발이 묶이고 발가벗겨진 채 우산도 없이 태풍을 온몸으로 맞는 것처럼 속수무책으로 당하고 있을 수밖에 없다. 부동산 시장이 경직되는 시기는 농사철의 보릿고개와 같이 매우 버겁고 무섭기까지 하다. 그 시기에는 하루하루가 태산처럼 높고 힘들게 느껴지기에, 투자자들은 속앓이를 하다가 분노를 주변과 사회에까지 터뜨려 본인의 농사뿐만 아니라 인간관계까지 망치기도 한다.

이러한 상황을 예방하기 위해서는 앞서 말한 전문 기관투자자와 같이 내가 추구하는 요구 수익률을 정하고, 투자 대상을 면밀히 검토한 다음 투자를 진행해야 한다. 또한 감정과 미련을 배제하고, 투자 기간 동안 요구 수익률에 맞는 목표 수익을 달성했다면 해당 투자를 단호하게 종료해야 한다. 지속적으로 물건과 시장 상황을 예의주시하며, 민감도에 따라 요구 수익률이 떨어질 것 같은 상황이 발생하면 반사적으로 민첩하게 반응해야 보릿고개를 유연하게 넘길 수 있고, 태풍이 오더라도 한해 농사를 모두 망치지 않을 수 있다. 투자 전 자신과 물건에 대한 면밀한 검토와 지속적인 확인은 투자 리스크를 줄일 수 있는 가장 확실한 방법이기도 하다.

7

일곱 번째 법칙

농부는 한 해 농사로
울고 웃지 않는다

"나도 부동산 투자를 하고 싶은데, 이것 때문에 안 돼."

평범한 회사원들이 부동산 투자를 하지 못하는 이유는 넘쳐난다. 투자할 돈이 없어서, 회사 일이 바빠서, 시간이 없어서, 부동산에 대해서 아는 것이 없어서, 가족이 반대해서, 지금 부동산 가격이 너무 올라서, 부동산 가격이 떨어질 것 같아서, 대출받는 게 불안해서, 주식 투자에 물려 있어서, 사람들이 위험하다고 해서, 뉴스를 보니 사기꾼들이 많아서, 정권이 바뀌면 세금과 정책이 바뀔 것 같아서, 집과 거리가 멀어서…. 세상 거의 모든 일이 부동산 투자를 하지 못하는 이유가 된다.

부동산 투자에 실패한 이유 또한 다양하다. 주위 사람들이 좋다기에 샀는데 안 올라서, 갑자기 정부 정책이 바뀌어서, 세입자가 안 들어와서, 세입자가 속을 썩여서, 경제 위기가 와서, 사기 분양을 당해서…. 주변과 환경에 대한 모든 일이 부동산 투자에 실패한 이유가 된다.

그럼에도 내가 부동산 투자를 하는 이유

여러 이유들을 듣다 보면 부동산은 너무 위험해서 투자하면 안 되는 대상이다. 그렇다면 나와 같은 투자자들은 부동산 시장이 좋지 않은 시기에도 왜 지속적으로 투자하고 있는 것일까? 부동산의 가격이 떨어질 대로 떨어진 발끝에서 사서 최고점인 상투에서 파는 성공적인 투자만 하고 있을까? 결론부터 이야기하면 절대 그렇지 않다. 나 역시 시시각각 변화하는 부동산 시장에서 때로는 손실을 본다.

돌이켜보면 내가 매도한 가격이 매수했던 가격보다 높아도 손실인 경우가 있었다. 얼핏 차익을 본 것 같지만 매수 및 매도를 위한 거래비용(중개수수료, 법무사 수수료, 취등록세 등), 보유하고 있었던 기간의 이자 비용과 투자금에 대한 기회비용, 세금과 공과금, 마지막으로 교통비와 인건비까지 세부적으로 계산해 보면 오히려 손해인 경우도 있었기 때문이다. 그렇다면 왜 손실을 봤음에도 불구하고, 어리석은 농부처럼 꾸준히 투자를 하는지 궁금할 것이다.

쿠팡의 적자는 계획된 것이다

인터넷 쇼핑을 하면서 쿠팡을 한 번쯤은 이용해봤을 것이다. 이커머스 대기업인 쿠팡의 초기 사업 형태는 온라인으로 할인쿠폰을 판매하는 형태였다. 이후에는 공급자와 수요자를 연결해 주는 중개 형태의 온라인 쇼핑몰을 운영했으며, 여기에서 그치지 않고 판매자의 물품을 직접 관리하고 배송하는 로켓배송을 통해 오프라인의 유통업으로까지 진출했다. 이후 로켓프레쉬라는 새벽배송 형태를 통해서는 야채와 고기 같은 신선식품도 집에서 쇼핑할 수 있게 해 주는 대형마트의 영역까지 범위를 확장했다.

그뿐만이 아니라 로켓배송이라는 빠른 이미지를 통해 쿠팡이츠라는 배달 플랫폼을 만들어 소비자와 근처의 음식점을 연결해줬다. 또 달마다 회비를 내면 쇼핑할 때 추가 할인을 받고, OTT 서비스인 쿠팡플레이도 이용할 수 있는 이른바 '로켓와우멤버십'으로 구독경제의 영역에도 들어갔다. 쿠팡은 더 이상 온라인 쇼핑몰이 아니다. 대형마트이자 백화점이며 면세점이기도 하다. 때로는 택배사가 되기도 하고, 음식점, 방송국이 되기도 한다. 우리가 느끼지 못하는 사이에 우리 일상에 깊이 관여하고 있으며 그에 맞게 끊임없이 성장 중이다.

그러나 이와 같은 성장의 이면에는 설립 이후 지속되어 온 만성 적자라는 그늘이 있었다. 그렇다면 과거 쿠팡은 왜 거의 십 년 동안 이익을 내지 못하는 상황에서도 지속적으로 사업을 확장하고 새로운 분야에 도전했을까? 왜 쿠팡에 투자한 투자자들은 이러한 적자에도 불구하고 밑 빠진 독에 물을 붓는 것처럼 지속적으로 투자한 것일까?

쿠팡은 적자가 발생했던 긴 시간 동안 단순히 돈을 잃고 있었던 게 아니다. 투자를 통해 시장의 이해도를 높이고, 공급자, 수요자, 임직원 등 다양한 사람들을 사업에 참여시키면서 시장의 지배력을 높이고 있었다. 이 과정을 통해 여러 사업 형태를 만들어 가면서 시장의 노하우를 습득한 것이다. 거대 자본을 쏟아부어 몇 퍼센트 되지 않는 당장의 이윤을 추구하는 것이 아니라 적자가 나더라도 노하우를 쌓고 시장의 지배력을 높이는 데 투자의 목적이 있었던 것이다. 이윤의 추구는 그 이후에 본격적으로 해도 늦지 않기 때문이다.

농사는 한 해 경작으로 끝나지 않는다

부동산 투자도 쿠팡과 마찬가지로 장기적으로 보아야 한다. 유능한 농부는 한 해 농사가 잘못되더라도 땅이나 날씨 탓을 하지 않는다. 지력이 떨어지거나 날씨가 안 좋은 것은 모든 농부들에게 똑같이 찾아오는 어려움이기 때문이다. 오히려 실패한 이유를 분석하고, 성공한 사람을 찾아 가서 기술과 방법을 배워 보완책을 찾아낸다면 내년에는 올해보다 발전된 결과를 가져올 수 있을 것이다. 실행하지 않으면 실패하지도 않겠지만, 실행하면서 맞닥뜨리는 실패는 성공을 위한 밑거름이 된다. 즉 실패는 미래의 더 나은 수익을 위한 투자로 보아야 한다.

경험상 부동산 투자 시장은 누구에게나 지극히 공평하다. 남들보다 높은 수익을 내기 위해서는 남들보다 더 많은 노력과 자본이 투입되어야 한다는 것이다. 남들이 성공한 방식을 그대로 따라하는 것만으로는 성공하기 어렵고 본인만의 노하우를 쌓아 나가야 한다. 그 과정에서 나 역시 많은 실패와 손해를 봤지만 그 경험을 소중히 여기고, 오히려 그 실패를 발판 삼아 건강한 투자를 지속적으로 하고 있다.

결국 남들보다 두 배 더 벌고 싶으면 두 배 더 노력을 해야 하고, 열 배 더 벌고 싶으면 열 배 더 노력을 해야 한다. 안 되는 이유를 스스로 만들지 말고, 힘이 들어도 극복하고 나아가야만 좀 더디더라도 성공에 가까워질 수 있는 것이다. 그 시간이 힘들겠지만 미래의 성공을 위한 투자이기에, 훗날 분명히 더 높은 수익으로 돌아올 것이다.

8

여덟 번째 원칙
현명한 농부는
먹고살 만큼만 수확한다

"요즘처럼 이자도 오르고, 거래도 잘 안 되고, 뉴스에서도 부동산 가격이 떨어질 거라고 하던데 어떻게 부동산 투자를 해? 너도 힘든 거 아니야?"

이러한 질투와 부러움, 걱정 어린 질문을 받을 때마다 내 대답은 늘 똑같다.

"괜찮아."

여기서의 '괜찮음'은 적정 수준을 항상 유지하고 있다는 의미다. 주위에서 뭐라고 말하든, 시절이 어떻게 바뀌든 흔들리지 않고 부동산 투자와 공부를 꾸준히 하고 있으며, 방송이나 강의 등에서 공개할 계획은 아직 없지만, 일반적인 회사원에 비해 적지 않은 돈을 번 건 사실이다. 물론 부동산 호황기의 흐름을 이용해 빠르게 움직이고, 상승 폭이 큰 물건과 지역에 나의 모든 것을 투자했다면 단기간에 높은 수익을 올릴 수도 있었을 것이다. 그러나 이러한 투자 방식은 내가 스스로 정립한 농사 투자 원칙과는 맞지 않는 경우가 많기 때문에 최대한 거리를 두고자 한다.

많은 사람들은 부동산 가격이 상승하면 남들이 사는 유사한 지역의 유사한 아파트를 따라 사는 투자 경향을 보인다. 그 지역의 아파트를 사면 가격이 오른다는 경험을 직간접적으로 경험한 데다 군중심리가 작용한 탓일 것이다. 그래서 가격이 상승한 이력이 있는 부동산은 안전하다고 판단하고, 그렇게 선택한 아파트 가격이 오르는 걸 보면서 자신의 부동산 투자 실력이 탁월하다며 뿌듯해하기도 한다.

하나의 과녁에는
여러 발의 화살이 꽂힌다

올바른 매수 시기의 선택은 부동산 투자에 있어 매우 중요한 요소인데, 비슷한 시기에 비슷한 형태의 자산을 집중적으로 늘려 나가면 그만큼 리스크도 함께 늘어날 수 있다는 점을 알고 있어야 한다. 예를 들어 한 지역의 아파트 혹은 빌라만 집중적으로 매수했다면 해당 물건 혹은 해당 지역의 거래 규제, 금융 규제, 재건축 및 재개발 규제 등이 일어나는 경우 시장의 변화에서 비롯된 충격이 자신이 투자한 물건에 동일하게 적용될 수 있다.

마찬가지로 상가 혹은 중소형 빌딩을 한 지역에 집중해서 투자한 경우 상권이나 교통망과 같은 입지의 변화나 고객들의 소비 트렌드의 변화가 모든 투자 자산에 동일하게 일어난다면 대응하는 데 어려움이 생길 수 있다. 특히 상권이 변화하는 경우 임대료와 임차인의 권리금 변화가 수반되며 이는 임차인의 임대차계약 연장 여부와 매매가의 변동으로 이어진다. 부동산 투자를 전문적으로 하는 직업 투자자의 경우 꾸준한 임장 활동으로 이러한 변화에 민첩하게 대응할 수 있다. 그러나 부동산 투자를 재테크 수단 정도로 여기는 월급쟁이 투자자는 이러한 리스크를 인지하기도 힘들뿐더러, 대응하기 위한 시간도 부족하다.

결국 본인이 투자한 모든 자산이 동일한 리스크에 집중적으로 노출
된다면 마치 국지성 소나기를 우산도 없이 온몸으로 맞고 감기에 걸리
는 꼴이 되는 것이다.

기회가 분산되면 위기도 분산된다

리스크에 의한 피해를 최소화하기 위한 방법에는 두 가지가 있다.
하나는 소나기를 맞고도 감기에 걸리지 않도록 기초체력을 튼튼히 기
르는 것, 즉 풍부한 자금력을 마련해 놓는 방법이다. 그리고 다른 하나
는 한 지역에 소나기가 오면 다른 지역으로 잠깐 피해 있을 수 있도록
부동산 투자를 하는 지역과 물건의 형태를 다양화하는 방법이다.

나 역시 평범한 회사원이기에 엄청나게 튼튼한 기초체력, 즉 많은
현금을 가지고 있지는 않다. 따라서 두 번째 방법인 소나기를 피할 장
소를 마련하는 방식을 적용해, 지역과 물건을 여러 곳으로 나눠 분산
투자를 하고 있다. 나 스스로가 동물의 왕인 호랑이로 태어나지 않았
기에 영리한 토끼가 되어 도망갈 수 있는 구멍을 여러 곳에 만들어 놓
은 것이다.

나의 부동산 투자 포트폴리오는 다양하다. 물론 당시의 시장 상황

과 자금 사정에 맞춰 시시각각으로 달라지기는 하지만 다양성의 틀만
큼은 유지하고 있다. 예를 들어 아파트와 빌라를 보유하고 있더라도
지역을 달리 하며 임대차 계약의 형태도 전세와 월세로 구분한다. 지
역에 따라 전월세 전환율(전세금을 월세로 환산한 비율)의 차이가 있기에
어느 지역은 전세를 받는 것이 유리하고, 또 어떤 지역은 월세를 받는
것이 유리하기 때문이다.

또한 부동산 투자물건마다 매매가격의 상승 가능성이 다르기도 하
다. 따라서 다른 투자물건과 비교해서 입지의 발전 등으로 가치가 상
승할 것으로 예상되는 지역이라면 월세 수익률이 타 지역과 비교해서
높은 수준이라도 전세 계약을 하기도 한다. 임차인이 월세로 거주하는
경우보다 전세로 거주하는 경우가 매각이 수월하기 때문이다. 뿐만 아
니라 지방의 경우는 그 지역의 주요 산업 혹은 기업의 흥망성쇠에 따
라 부동산 수요가 차이 나기도 한다.

따라서 한 지역을 집중적으로 매수하는 것은 그렇지 않은 경우보다
더 많은 위험 요소가 따른다. 부동산 가격은 시장 상황에 맞춰 지속적
으로 변화하기 때문에 이에 대한 대응이 필요하다. 이는 단순히 '여기
저기'에 가서 '이것저것'에 투자하라는 얘기가 아니다. 시간을 절약하
고, 절약한 그 시간을 활용해서 지속적으로 여러 지역과 여러 물건에
대해서 학습해야 하며, 스스로 예측하고 판단해서 자신만의 투자 지역

과 종류를 늘려가야 한다. 그 과정에서 기대한 수익률이 달성 된다면 더 오를 때까지 기다리지 말고, 중간중간 매도해 리스크를 줄여나가야 한다.

나는 이렇게 여러 지역의 여러 물건을 여러 방식으로 분산투자해 왔기 때문에 지역 학습을 위한 시간도 오래 걸렸을 뿐더러, 가격이 상 승한 지역에 집중적으로 투자해서 폭발적인 수익을 얻지도 못했다. 그 러나 이러한 꾸준한 투자 방식을 지켜 나가기 위해서는 계속 공부를 해야 했던 만큼 스스로 발전할 수 있었고, 회사를 다니면서도 안정적 인 투자를 할 수 있었다.

시장 상황에 상관없이 수익을 내는 것이
진짜 부동산 투자다

부동산 투자에 대한 단편적인 경험만 있다면, 특정 물건은 무조건 오른다는 생각에 쉽게 빠져들 수도 있다. 또한 불패신화, 폭락, 폭등, 절벽, 고급정보 등 자극적인 단어에 흔들릴 수도 있다. 부동산 투자에 대한 자신만의 단단한 내공과 신념이 없다면 멘털은 두부처럼 여기저 기서 누르는 대로 으깨질 것이다. 부동산 불황기에는 수익을 내지 못 하기 때문에 힘든 시기를 겪을 거라 생각할 수 있다. 그러나 불황에도 돈을 벌 수 있는 부동산은 항상 있다. 오히려 어려운 시기에 논을 벌고, 시장에서 꿋꿋하게 버티는 게 진정한 투자자의 능력이라고 할 수 있다.

거의 한평생을 부동산에 투자해 온 회장님을 뵌 적이 있다. 그는 이미 여러 채의 빌딩을 가지고 있었지만 언제나 흐트러짐 없는 모습으로 검소하게 생활했다. 그의 말을 이곳에 옮겨 본다.

"부동산 가격이 올랐다고 좋아하지 말고, 그 수익을 당신이 스스로 만든 것인지, 아니면 시장이 그렇게 만들어준 것인지를 생각해 보게나. 그 고민을 진지하게 해 본다면 자신이 진짜 부동산 투자 실력이 있는지 없는지 알게 될 거야. 남들이 다 오를 때 내 것도 오른다면 그건 실력 때문이 아니라 그저 당연한 현상인 거지. 다 오를 때 내 것만 오르지 않았다면 그게 더 이상하잖아. 부동산 투자를 하겠다고 한 이상 시장이 호황이든 불황이든 지속적으로 돈을 벌 수 있는 구조를 만들어 놓아야 이 시장에서 꾸준히 먹고 살 수 있는 거야."

'산이 울면 들이 웃고 들이 울면 산이 웃는다'라는 속담이 있다. 비가 많이 내리면 산은 산사태의 위험이 있지만 들은 평평하기 때문에 무너질 우려도 없고 오히려 곡식이 잘 자라게 된다. 반대로 햇볕이 너무 강하면 너른 들판은 숨을 곳이 없어 금방 가물 테지만, 산은 나무 그늘 아래로 피해 있을 수도 있고 나무의 과실 또한 굵어진다. 결국 부동산 투자를 오래 하기 위해서는 비바람이 휘몰아치는 어려운 상황에서도 산과 들을 가리지 않고 마음껏 뛰어 다닐 수 있는 내공을 단단하게 쌓아놓아야 한다.

9

아홉 번째 원칙
여름을 거르고 가을밭으로
가는 지름길은 없다

부동산 투자를 하면서 나 역시 손해를 본 일이 있었다. 그때 선배 투자자는 내게 이렇게 조언해 주었다.

"너에게 중요한 건 당장 손해 본 천만 원, 이천만 원이 아니다. 돈을 잃는 것보다 더 무서운 건 의지를 잃어버리는 거지. 부동산 투자 평생 해야 할 것 아니냐? 그래야 지금 손해 본 것도 나중에 다시 회복할 수 있는 기회가 생기는 거다. 오늘의 실패 때문에 의지가 꺾여버리면 스스로 기회조차 없애버리는 꼴이 되고 말 거야. 이해했어? 나중에 사업하다 보면 손해 볼 줄 알면서도 투자해야 하는 경우가 생기는데, 그런

거에 비하면 지금의 실패는 사실 아무것도 아니거든. 얼른 털어버리고, 새로운 마음가짐으로 시작해 봐."

시장에 떠도는 정보는 듣는 이가 아닌 퍼뜨리는 이를 위한 것이다

당시 나는 지방에 있는 아파트 분양권에 투자했다. 투자 경험상 아파트가 지어질 지역이 좋기 때문에 당연히 이번 투자도 성공할 거라고 생각했다. 그래서 현장 조사를 하지 않은 채, 예전에 그 지역을 스쳐 지나간 단편적인 기억만 떠올리며 분양권에 투자했다. 그리고 분양받은 사람들이 가입해 있는 인터넷 카페를 통해 분양 당시부터 준공될 때까지의 분위기를 파악하고 있었다. 카페에는 분양가에 비해 분양권의 프리미엄이 몇천만 원이나 붙어 있고, 앞으로 몇억 원이 더 오를 거라는 글들이 자주 올라왔다. 회사를 다니는 처지에 지방까지 가서 분위기를 파악하기에는 시간이 부족했기에 그 글들에 안심하며 열심히 '좋아요'를 누르고 있었다. 그렇게 시간이 지나 준공이 얼마 남지 않은 사전점검 때가 되어서야 나는 제대로 주변 조사를 하기 위해 연차를 내고 현장으로 내려갔다.

그날, 나는 그동안 봐 왔던 인터넷 카페의 글들과는 사뭇 다른 현장의 분위기에 놀랄 수밖에 없었다. 카페에서 본 대로 분양가보다 몇천만 원 높게 판매하는 프리미엄이 붙은 물건도 있었으나, 반대로 분양가보다 몇천만 원 낮은 마이너스 프리미엄이 붙은 물건들도 있었다. 예전에 전화로 중개인들에게 물어봤을 때는 마이너스 물건은 없다고 했지만 직접 현장에 나와서 확인해 보니 현실은 크게 달랐다. 아직 입주도 안 한 아파트 가격을 분양가 이하로 거래한다는 오해를 받기 싫어서였는지 중개인들은 매도자가 가격을 내리기 전까지 낮아진 가격을 먼저 밝히기를 꺼려했던 것이다. 그제야 발등에 불이 떨어진 것을 느끼고 수습하려 했지만 이미 늦은 상태였다. 분위기를 파악한 다음 분양권을 매도하기 위해 현장을 다니기 시작했지만 분위기는 점점 더 안 좋아졌다. 결국 나는 손해를 최소화한다는 마음으로 손절할 수밖에 없었다.

그날 이후로 인터넷에서 누구나 쉽게 접근이 가능한 정보나 전체 부동산 시세를 알려주는 뉴스 등은 가급적 보지 않는다. 내가 가진 부동산을 가장 잘 아는 것은 나이며, 전체 부동산 시장의 분위기와 내가 가진 부동산의 분위기가 같을 수는 없기 때문이다. 인터넷 뉴스, 유튜브, SNS 등은 내게 필요한 정보를 제공해 주기도 하지만, 결국은 사람들의 관심과 조회 수를 광고 수익이나 물품 판매로 연결하는 거대한 콘텐츠인 경우가 많다.

가령 콩 심은 데 콩 나고, 팥 심은 데 팥 나는 일은 뉴스거리가 못 된다. 요즘은 콩 심은 데 팥이 나는 것조차 큰 화젯거리가 되지 않을 정도이니, 우리가 자극적인 것에 얼마나 많이 노출이 되어 있는지 짐작해 볼 만하다. 사람들의 관심을 끌려면 아마도 콩 심은 데 팥이 나왔는데 그 팥이 나무가 되어 하루아침에 하늘까지 자랐고, 그 팥나무를 타고 하늘에 사는 거인이 내려올 정도가 되어야 할 것이다. 그렇게 보면 우리가 수많은 콘텐츠로 접하는 부동산 정보와 현상은 정말이지 믿을 게 못 된다.

정보는 현장에 있고, 내 문제는 내가 가장 잘 안다

난 그 사건 이후부터는 시간이 걸리고 번거롭더라도 현장과 접촉하며 직접 확인하고자 한다. 물론 회사를 다니면서 부동산 투자를 하기 때문에 모든 현장에 나가는 것은 불가능하다. 궁여지책으로 퇴근길에 해당 지역의 중개사무소에 전화해 자연스럽게 분위기를 묻기도 한다. 지속적인 관심으로 형성된 관계는 정보를 수집하는 시간을 줄여줬으며, 이러한 행동은 직접 정보를 수집하고 판단하는 플랜 중 하나로 자리잡았다. 물론 내가 직접 조사하지 않은 물건은 주위에서 객관적인 수치를 제시하고 개발 계획을 아무리 설명해도 투자하지 않으며, 그런 시간들이 지속되자 나의 투자와 다른 사람들의 투자를 비교하는 일도 점차 사라지게 되었다.

휴대폰 속 세상을 보면 부동산 투자로 몇 년 만에 큰돈을 벌어 건물주가 되었다는 사례가 종종 등장하기도 한다. 또한 돈을 벌 수 있는 지역을 추천해 주거나, 시장 전망을 그럴싸하게 예측해 주기도 한다. 나는 나의 방식대로 지속적으로 이익을 내 왔으며, 시세가 하락하거나 금리가 올라서 이자비용이 증가하는 상황에서도 이익이 줄었을 뿐 손실은 내지 않고 있다. 이는 한 방향으로 모든 자산을 투자하지 않고, 살얼음판 위를 걸어가듯 조심스럽게 투자를 해 왔기 때문이라고 생각한다.

'할아버지 진짓상은 속여도 가을 밭고랑은 못 속인다'라는 속담이 있다. 밥상을 요란스럽게 차리면 반찬이 몇 가지가 되지 않아도 많이 있는 것처럼 눈속임을 할 수 있지만, 농사는 한창 노력을 해야 할 여름에 일을 게을리 하면 가을밭에 그 결과가 여실히 드러난다는 뜻이다. 부동산 투자도 마찬가지다. 남들에게 좋게 보이고, 쉽게 따라할 수 있을 것 같은 투자는 처음에는 그럴 듯해 보이지만 지속적으로 수익을 안겨 주는 물건은 결국 스스로 공부하고 정보를 수집해야 얻을 수 있다.

10

열 번째 원칙

농사는 하늘이 아니라
농부가 짓는다

"혹시 건축사 사무실에서 오셨어요?"

토지에 투자하기 전 건축 가능 여부 등을 파악하고자 구청 건축과
에 방문해 이것저것 물어보고 있었다. 계약 전에 리스크를 줄이고, 돈
을 잃고 싶지 않은 내 마음이 담당 공무원을 너무 귀찮게 했나 보다.
그는 내가 건축사 사무실 직원도 아니고, 아직 진짜 토지 소유주도 아
님을 알게 되자 무표정하게 말했다.

"직접 찾아오시지 마시고요. 구청 앞에 있는 건축사 사무실 가서 물

어보고 오세요. 여기는 민원인 질문 하나하나에 다 검토하고 대답해 드리는 곳이 아니에요."

서당 개도 삼 년 동안 끊임없이 보고 들어야 풍월을 읊는다

지금은 많이 나아졌지만 몇 년 전까지만 해도 건축이나 부동산 관련 부서의 공무원들은 퉁명스러운 경우가 많았다. 물론 부동산이라는 것이 사람들의 이해관계에 직접 연관되어 있는 경우가 많기 때문에 공무원들도 민원인의 질문에 모두 대답을 해 주는 것이 조심스럽고 부담스러울 수밖에 없었을 것이다. 그러나 당시는 토지에 대한 투자 경험이 없었고, 나 역시 그 부동산에 내 돈과 내 삶이 걸려 있었기 때문에 이대로 돌아갈 수는 없어 우선 그가 시키는 대로 구청 앞 건축사 사무실로 향했다.

건축사 사무실도 퉁명스럽기는 매한가지였다. 건축사는 건축 행위를 해야 수익이 발생하기 때문에 건축 행위가 예상되는 실제 토지주가 오지 않는 이상 지나가는 손님의 단순 문의에는 시간을 내어 주려 하지 않았다. 그러나 나는 다른 사람들이 나를 어떻게 대하든 전혀 신경 쓰지 않았다. 여러 건축사 사무실을 찾아다니면서 궁금한 것들을 모두 해결하지는 못했지만 필요한 답변을 얻기 위해서 구청의 어느 과를 찾아가라는 정도의 조언은 얻을 수 있었다. 나는 그 후로 구청과 건축사 사무실을 오가며 묻고 또 물었다.

해당 지역에 있는 단위농협, 신협, 새마을금고와 같은 지역 단위의 금융기관에서 유사한 물건에 대한 대출 관련 상담을 받는 것도 하나의 방법이다. 대출이 필요한 경우 해당 지역에서 대출을 받지 않는다면, 당연하게도 중앙 금융기관에서는 그 지역에 대한 이해도가 부족하다고 여기기 때문에 대출 한도를 낮게 책정하거나 심지어 해 주지 않는 경우도 있다. 따라서 부동산 투자 물건을 검토할 때부터 지역 금융기관과 조금씩 관계를 쌓아 놓는 것이 필요하다. 실제로 투자 전부터 친해진 지역 금융기관으로부터 투자 예정인 물건에 대한 가격의 적정성과 히스토리를 듣기도 했다. 게다가 지역 금융기관은 해당 지역 유지들의 돈이나 관계가 응집되는 곳이기 때문에, 그곳을 통해 내가 조사하는 물건의 소유주나 관계인을 찾는 데 도움을 받을 수도 있다.

처음부터 완벽한 농부는 없다

나 역시 부동산 투자 시장에 처음 진입할 당시에는 부동산에 대해

121

체계적인 교육을 받은 적도 없었고, 아무것도 모르는 백지상태였다. 물론 지금은 현장과 학교 그리고 많은 사람들과의 만남을 통해 시야가 넓어졌지만, 사실 새로운 지역에서 새로운 물건을 만나면 초보자가 되는 것은 누구나 마찬가지다. 주변 상황과 규제가 지역과 물건마다 모두 다르기 때문이다.

초보 투자자의 가장 큰 단점이 귀가 얇다는 것인데, 올바른 투자의 과정을 모두 생략하고 주변의 얘기에 휘둘려 떠밀리듯 하는 투자는 실패할 가능성이 크다. 그렇게 되면 '잘되면 내 탓, 잘못되면 네 탓'의 오류를 범하게 되는 것이다.

농사는 하늘이 지어주는 것이 아니라 농부의 피와 땀으로 짓는 것이다. 비가 내리지 않으면 물을 길어다 뿌려 주고, 잡초가 무성하거나 해충이 생기면 허리를 숙여 잡초를 뽑고, 그 작물에 맞는 농약을 뿌려야 작황이 좋아진다. 그렇게 과실이 여물었을 때 수확을 하고, 직접 시장에 나가 소비자들의 반응 또한 살펴봐야 한다. 이러한 과정을 모두 이루고 난 다음에야 다른 사람들과는 차별화된 본인만의 노하우를 가지게 되는 것이다. 본인만의 경험과 지식을 토대로 가꾼 작물은 가격, 품질, 대체 가능성에서 경쟁력을 갖추기 수월하다.

작물에 쏟아부어야 할 노력과 정성은 뒤로 한 채 하늘에서 비가 언제 올지, 자연재해는 몇 년 만에 오는지, 내 작물을 다른 사람들이 얼마만큼 원할지, 혹시 정부에서 규제하는 것은 아닌지, 그래서 작물의 가격 변동만 생각한다면 이는 농부의 자질이 없다고 봐도 무방할 것이다.

3장

성공하는 투자자는
뭐가 달라도 다르다

1

모든 투자는
종잣돈으로부터 시작된다

"회사 월급으로 3년 안에 1억 원을 모을 수 있을까?"

하나의 주제를 가지고 신입 사원을 대상으로 자유롭게 강의할 수 있는 기회가 있었다. 다른 선배 사원들은 사내 예절, 보고서 작성법, 기초 직무교육 등 업무를 수행하는 데 바로 필요한 강의를 주로 개설했고, 신입 사원들은 대학교에서 수강 신청을 하듯 개설된 강의를 자유롭게 선택했다. 나는 총무팀에서 자산관리 업무를 맡고 있었기 때문에 '신입 사원의 자산관리 전략'이라는 이름으로 강의를 개설했다.

강의 초반에는 회사의 자산과 회계 처리 방법에 대해서 간단히 설명을 했지만, 대부분의 시간은 '회사의 월급으로 3년 안에 1억 원 만들기'라는 주제로 나 자신의 사례를 직접 들어가며 강의를 했다. 이 주제로 강의를 개설한 이유는 신입사원들이 처음 사회생활을 하면서 받는 월급을 계획 없이 소비하지 않고, 체계적으로 관리해서 모두 부자가 되기를 원하는 마음에서였다. 신입사원들은 처음 들어보는 강의 내용에 열광했다. 금방 입소문이 났고, 늘 자리가 부족했다. 하지만 업무 연관성이 적다는 이유로 강의를 이어갈 수 없었고, 결국 폐강하게 되었다. 신입사원들이 회사에 들어온 이유는 결국 돈을 벌기 위해서인데, 회사는 신입사원들이 회사에 들어온 목적 자체를 부정하고 있는 것 같았다.

사회 초년생이 3년 안에
1억 원을 모으는 방법

대학교를 졸업하고 사회생활을 시작하면서 은행, 보험사, 증권사 같은 금융기관의 직원들을 통해 경제교육을 처음 받았다. 특히 사회 초년생이었을 때는 보험 상품을 판매하는 선배들이 명품 정장 차림에 수입차를 타고 나타나서는 자신처럼 재테크를 하면 금방 부자가 될 수 있다며 각종 수많은 보험 상품을 권했다. 선배의 회유에 넘어가 연금 보험과 종신보험에 가입했고, 그렇게 몇 년 차곡차곡 넣었지만 이러한 보험은 나의 현재 자산을 불리는 데 별 도움이 되지 않는다는 걸 깨닫고 해지했다. 물론 중도 해지를 했기 때문에 어쩔 수 없이 내가 그동안 보험사에 납입했던 원금 이하의 금액만 돌려받았다. 그뿐만 아니라 증권사에 다니던 선배의 권유로 들었던 해외 펀드 상품, 카드사에 다니던 선배의 권유로 가입했던 신용카드 역시 재테크에는 큰 도움이 되지 않았다.

나는 이러한 경험을 바탕으로 후배들에게 돈 모으는 방법에 대해서 알려주고 싶었다. 특히 강의만 하는 입장이었기에 금융 관련 회사를 다니던 선배들처럼 후배들을 나의 고객으로 만들어 상품에 가입시킨 후 내 실적을 올리는 구조도 아니었다. 순수한 선배의 마음으로 강의를 시작했으며, 금융상품의 소개도 전혀 없었다. 오히려 해당 상품에 가입해서 매달 얼마씩을 모으면 수익률이 몇 퍼센트가 나와서 십 년 뒤에 목돈이 얼마가 된다는 식의 금융상품의 판매 방식과는 반대로 접근했다. 처음부터 '3년이라는 기간 안에 목돈 1억'이라는 분명한 목표를 제시했고, 그 목표를 이루기 위해 매달 실천해야 할 방법들을 상세히 알려주었다.

방법은 간단했다. 3년 안에 1억을 모으기 위해서는 1억을 36개월로 나눈 278만원을 매달 저축해야 한다. 당시 신입사원 월급을 300만 원이라고 가정했을 때, 270만 원이 넘는 금액을 저축하기 위해서는 월 25만 원 안에서 교통비, 통신비, 식비 등 고정적인 지출을 모두 해결해야 하기에, 부모님 집에서 최대한 얹혀살면서 밥과 술은 회사에서 선배들을 통해 해결하라고 했다. 물론 계절마다 옷도 사야 하고, 여행도 가야하고, 친구들과 놀기도 해야 한다. 이러한 비정기적 비용은 정기적인 수입인 월급에서 지출하지 말고, 성과급이나 아르바이트와 같은 부수입을 통해 해결하라고 했다.

또한 입사 후 바로 자동차를 구입하면 자동차 할부비, 유류비, 주차료, 보험료 같은 단순 유지비용만 들어가는 것이 아니라고, 차를 운전함으로써 함께 바뀌는 생활 패턴과 소비 성향이야말로 사회초년생이 돈을 모으는 데 가장 큰 걸림돌이 될 수 있다고 가르쳤다. 해외여행이나 SNS(당시는 싸이월드였다)는 그 순간이 지나면 희미해지기에 삶을 본질적으로 바꾸는 데에는 전혀 도움이 되지 않는다고 설명했다.

이러한 자린고비 같은 내 삶의 태도를 보고 한 신입 사원은 돈을 쓰지 않으면 동호회 활동도 못 하고 친구도 없어질 거라며 반박했다. 그 말에 나는 돈을 많이 써야만 만날 수 있는 관계들은 당신의 친구가 아닌 돈의 친구이며, 반대로 그 시간에 돈이 없거나 힘들 때 도움을 줄 수 있는 친구 혹은 같이 학습하고 발전할 수 있는 친구들이 있다면 비록 소수더라도 그 관계를 유지하는 것이 훨씬 삶에 도움이 될 것이라고 답했다.

　위와 같은 신념과 돈을 모으는 자세는 내가 사회 초년생 시절부터 지금까지 유지해 오고 있는 삶의 방식이다. 그 당시 내 월급이 250만 원 정도였기 때문에 월급의 거의 대부분을 저축했고, 따라서 부모님과 같이 생활할 수밖에 없었다. 그리고 1억을 모으기 위해 목표로 삼은 월 저축액에서 부족한 돈과 생활비는 아르바이트를 해서 충당했다. 퇴근 후에는 집에서 할 수 있는 일거리인 학원 교재 편집 아르바이트를 했다. 또한 당시는 해외 직구가 익숙하지 않던 시절이라 해외 인터넷 쇼핑몰을 통해 물건을 구입한 다음 마진을 붙여 국내 중고장터 카페를 이용해서 판매를 하기도 했다.

　주말에도 쉬지 않고 행사장 진행 보조나 안전요원, 설문지 배포 등을 하면서 악착같이 돈을 벌었다. 그때는 취업에 성공했으니 끝난 것이 아니라 이제부터가 시작이라고 생각했다. 종잣돈 1억을 모으겠다는 목표가 있다면 현재 소득에 안주하며 목표를 낮추면 안 된다. 결국 사람은 그 수준에 맞춰지고 익숙해지기 때문이다. 무슨 수를 써서라도 목표 달성을 위한 월 저축액을 채우는 것이 종잣돈 마련의 기본이자 투자의 기초다. 이를 위해서는 소비를 줄이고, 수익을 늘리는 것이 가장 고전적이면서 정직한 방법이었다.

부자 가능성은 벌이보다
저축으로 결정된다

부자지수 법칙이라는 것을 들어본 적이 있는가? 부자가 될 수 있는 가능성을 파악할 수 있는 계산식으로, 실제로 많은 투자 관련 책들에서 다루고 있을 정도로 신뢰를 받고 있다. 토머스 스탠리(Thomas J. Stanley) 조지아 주립대 교수가 고안한 부자지수 법칙의 계산 방법과 해석은 다음과 같다.

■ **부자지수 법칙의 계산식**

부자지수(%) = (순자산액 × 10) ÷ (나이 × 연간 총 소득) × 100
- 50% 이하 = 지출이 많고 소득 관리는 미흡 (재테크에 문제가 있는 상태)
- 100% 이하 = 평균 수준의 지출과 소득 관리 (평균 수준의 노력이 필요)
- 200% 이하 = 무난한 수준의 지출과 소득 관리 (재테크를 잘하는 편)
- 200% 이상 = 지출이 적고 소득 관리 양호 (재테크를 아주 잘함)

가령 300만 원의 월급을 받는 30세의 어떤 사람에게 현금 1억 원의 순자산이 있다면 부자가 될 확률이 93%라는 것이다. 이는 평균 수준의 노력이 필요하다는 결과로 해석할 수 있다. 월급과 순자산액은 동일하되 나이를 40세로 높이면 부자의 가능성은 약 69%로 낮아진다. 즉 동일한 조건이라면 나이가 적을수록 부자가 될 가능성이 높다는 것

부동산 투자, 농사짓듯 하라

이다.

그렇다면 30세에 순자산 1억 원이라는 조건을 동일하게 고정하고, 월급을 300만 원에서 400만 원으로 올린다면 어떤 결과가 나올까? 월급이 올랐으니 부자가 될 가능성이 높아졌을까? 반대로 월급이 올라도 부자 가능성은 69%로 낮아진다. 월급이 올라간 만큼 순자산이 증가하지 않는다면 그 돈이 저축이 아닌 소비로 빠져나갔다고 해석할 수 있기 때문이다. 부자지수를 토대로 계산해 보았을 때 월급이 400만 원으로 오른 상황에서 부자가 될 가능성을 93%로 유지하기 위해서는 약 1억 3,500만 원 정도의 순자산을 더 모아 놓아야 한다.

부자 지수에 따르면 우리가 부자가 될 수 있는 가능성을 높이기 위해서는 월급을 올리는 것보다 돈을 모으는 것이 더욱 중요하다. 월급이 줄어들어도 순자산액을 유지하고 있다면 부자가 될 가능성이 높아질 수 있으며, 월급이 높아져도 저축이 같이 늘어나지 않고 이전과 비슷한 수준을 유지한다면 오히려 부자가 될 가능성은 낮아진다. 급여가 오르는 만큼 돈을 많이 모아야 부자가 될 가능성의 수준을 유지할 수 있다는 것이다. 이러한 소비와 저축의 습관은 나이가 적을수록 효과가 크며, 부자가 될 확률 또한 높아진다. 결국 나보다 연차와 연봉이 높은 상급자가 오히려 더 빈궁해 보이는 이유는 신입사원 시절부터 저축을 하는 습관을 들이지 않았기 때문이다.

따라서 부동산 투자를 해서 돈을 벌겠다는 선택을 내리기 전에 돈을 모으는 습관이 젊은 시절부터 몸에 배어 있어야 한다. 이러한 습관이 배어 있지 않은 상태에서 부동산 투자를 한다면 성공을 하더라도 그 돈은 소비로 쉽게 증발할 수 있다. 분명 '돈은 열심히 벌었는데 다 어디 갔는지 모르겠다'라는 한탄을 하게 될 것이다.

농사를 시작하기 위해 종자 살 돈을 모으는 것, 즉 종잣돈을 마련하는 습관을 갖는 것이 부동산 투자를 시작하는 것보다 절대적으로 우선이다. 이는 "먹고 살기도 힘든데 부동산 투자할 돈이 어디 있어?" 라고 말하는 사람들을 위한 기본적인 조언이기도 하다. 만약 종잣돈을 모으기 위한 부자습관 실천 방법을 듣고 "난 힘들어서 그렇게는 못 살겠어"라고 대답한다면 계속 월급에 쫓기듯이 쪼들리며 살 수밖에 없을 것이다.

또한 내가 직접 노력해서 모은 순자산이 아니라 상속이나 증여로 갑자기 들어온 순자산이라면 그것은 부자지수에서 제외하는 것이 옳다. 대기업 회장들이 자식들에게 큰돈이나 회사를 쉽게 물려주지 않고 배움을 강조하며 근검절약을 몸소 실천해 자식들에게 모범을 보이는 것도 이러한 이유 때문이다.

2

나를 남 보듯 해야
투자를 시작할 수 있다

어느 정도의 종잣돈이 모였다면 내가 부동산 투자가 가능한 상황인
지 객관적으로 파악해야 한다. 열정과 의지만 가지고 투자에 뛰어든다
면 생각지도 못한 어려움이 처했을 때 쉽게 무너질 수 있기 때문이다.
부동산 투자를 하다 보면 자금이 있어도 투자가 불가능한 경우가 생기
며, 이를 피할 수 없어 눈에 보이는 손해를 감수해야 하는 순간도 오기
마련이다.

더욱 힘든 건 그 상황이 내가 가장 믿었던 사람과의 관계 때문에 발
생했을 때다. 이러한 문제를 최소화하기 위해서는 본인과 가족의 행복

과 건강이 우선 뒷받침되어야 함은 물론이고, 나와 주변인의 현재 상태를 제3자의 눈으로 진단할 수 있어야 한다.

몸이 아파서 병원에 갔을 때 의사가 건네는 질문들을 떠올려 보자. 의사 선생님은 내가 어디가 어떻게 아픈지, 언제부터 아팠는지, 잘못 먹은 것이나 평소와 다른 일이 있었는지 등을 물어본다. 그리고 청진기나 내시경을 통해 몸을 확인하고, 진단한 다음 이를 환자에게 안내하고 치료와 처방을 시작한다. 이 과정에서 환자가 자기 몸의 어디가 어떻게 아픈지 정확하게 파악하지 못해 의사에게 엉뚱하게 이야기한다거나, 아픈 곳이 있음에도 전혀 아프지 않다고 거짓말을 한다면 진료가 제대로 이뤄질 수 없을 것이다. 또한 부끄럽다는 이유로 청진기 혹은 내시경으로 내 몸의 상태를 확인하지 못하게 했을 때도 마찬가지로 올바른 처방을 내릴 수 없다.

부동산 투자를 시작하기 위해서는 내가 환자라고 생각하고, 내가 처해 있는 주변 환경이나 재무적인 상황을 객관적으로 파악한 다음 나에게 부족한 부분이나 필요한 투자에 대해 구체적으로 물어볼 수 있어야 한다. 그것이 선행되지 않는다면 팔이 부러진 후 의사를 찾아가 무조건 건강해지는 약을 처방해 달라고 조르는 것과 다를 바 없다.

1단계: 왜 하고 싶고, 무엇을 준비해야 하는지 진단할 것

첫 번째, 나의 상황을 해결하고 싶다면 나의 상황에 대해서 스스로 진단하거나 남에게 알리는 과정을 부끄럽게 여기지 말아야 한다. 물에 빠진 사람이 자신의 처지를 알고 구해 달라고 소리치는 것과 같은 이치다. 내가 직접 살아야 할 집을 구하는 과정을 예로 들어보자. 부부의 직장이 각각 어디에 위치해 있는지, 가족들의 삶의 방식은 어떠한지, 자녀 교육 방식은 어떠하며 자녀는 몇 살에 어느 학교를 다니고 있는지, 육아에서 도움을 줄 수 있는 양가 부모님이나 친척이 어디에 사는지 등 다양한 개인적인 요소들이 고려되어야 할 것이다.

그러나 이러한 고민조차 하지 않고 "살기 좋은 지역이면서 나중에 가격도 올라 매매차익도 얻고 싶은데 어떻게 해야 할까요?"라고 질문하는 분들이 있다. 그럼 어쩔 수 없이 뉴스에 많이 거론되거나, 평단가가 가장 높은 지역으로 이사를 가라고 권할 수밖에 없다. 물론 그런 대답을 들으면 뻔한 얘기라며 혀를 찰 테지만 말이다.

다른 비유를 들어보자. 경차를 살 정도의 돈을 가지고 있는 고객이 중고차 매장에 방문해서 "차를 사고 싶은데 어떤 차가 좋을까요?"라고 딜러에게 물었다. 딜러는 고객의 주머니 사정을 모르기 때문에 당연히

"최고급 수입 세단이 제일 좋다"고 말할 것이다. 그래서 부동산 투자나 거래를 하기 전에는 내가 현재 가용한 자금이 얼마이며, 대출을 활용해 추가적으로 가용할 수 있는 금액이 얼마인지에 대해서 스스로 진단하는 과정이 반드시 필요하다. 그래야 그 이후에 준비해야 할 것들에 대해 질문하고 도움을 요청할 수 있다.

문제는 앞에서 예로 든 질문들을 던질 때 예상보다 많은 분들이 자신의 상황을 정확하게 밝히지 않는다는 것이다. 돈이 있는 분들은 부를 자랑하는 것처럼 보일까 봐 조심스러워 하고, 돈이 없는 분들은 자신이 초라하게 보일까 봐 조심스러워 한다. 놀라운 점은 현재 본인이 가용한 자금이 얼마만큼 되는지 정확히 모르는 경우도 많다는 것이다. 이렇게 되면 다시 처음으로 돌아가서 힘들게 병원까지 찾아온 환자가 의사에게 "내가 몸이 정말 아픈데 어디가 아픈지는 잘 모르겠으나 사실 알아도 부끄러워서 의사선생님께 알려드릴 순 없으니, 어쨌든 날낫게 해 주세요"라고 요구하는 것과 비슷한 상황이 연출된다.

2단계: 소비할 돈과 투자할 돈을 분리해 가용자금을 산출할 것

두 번째로 부동산 거래에 가용한 목돈 이외에 주기적인 현금의 흐름을 알아야 한다. 이를 위해서 월별 수입과 비용을 정리하는 습관이 필요하다. 일 년 정도의 데이터가 모이면 수익(매월 받는 월급이나 비정기적인 수입)에서 비용(생활비, 대출이자 등)을 차감해 매월 얼마의 돈이 남는지 혹은 모자라는지를 확인할 수 있다. 그럼 남겨진 이익은 저축을 통해 추후 순자산액에 보태거나, 대출을 실행한 다음 이자를 납부하기 위한 비용으로 사용이 가능하다.

반대로 현재 매월 현금흐름에서 적자가 나고 있는 상황이라면 목돈이 있더라도 해당 금액을 모두 부동산에 투자해서는 안 된다. 부동산 투자를 위해서 대출을 받더라도 매월 납부해야 할 이자비용을 감당할수 있는지를 먼저 확인한 다음, 대출받을 금액을 산정해야 한다. 즉 대출이 가능한 최대 금액만큼 모두 받아서 매월 이자를 납부하기 위해서 전전긍긍하는 것보다 내 현금흐름상 허용 가능한 이자 비용을 파악해 역으로 총 대출금액을 정한 다음, 그렇게 정해진 한도 안에서 여유를 두고 투자를 해야 농사하듯 꾸준한 투자가 가능해진다.

이자비용 계산을 통해 대출 가능 금액이 정해졌다면 투자를 목적으로 모아둔 돈을 자세히 분석해 봐야 한다. '구를 땐 호박이 굴러야지 콩은 굴러도 멀리 못 간다'라는 마음으로, 모은 돈을 몽땅 투자할 수도 있다. 하지만 수익이 큰 만큼 리스크도 커지는 법. 막차가 떠나도 다음 날 첫차가 오듯 투자의 기회는 준비된 자에게는 반드시 또 오기 마련이기 때문에 조급한 마음으로 모든 자금을 한 번에 투자할 필요는 없다.

나의 경우 분기별로 내가 가진 자금들이 향후 일 년 안에 어디에 어떻게 사용될지에 대해서 그 현금의 흐름을 미리 계산한 다음 투자를 한다. 예측이 가능한 항목으로는 단순 생활비 외에 투자 지역의 전세가격 하락으로 반환이 예상되거나 계약 만료에 따라서 반환해야 하는 전세금, 재산세, 종합부동산세, 법인세, 양도세, 부가가치세와 같이 필수적으로 납부해야 하는 세금과, 계절별로 발생할 확률이 높은 건물수리비 등이 해당된다.

즉 나는 꾸준한 투자를 위한 리스크 관리 차원에서 현재 가지고 있는 자금과 대출가능 금액인 가용자금을 지속적으로 확인하고, 지출과 투자가 예상되는 자금은 가용자금 안에서 안정적인 비율로 유지하는 습관을 가지고 있다.

3단계: 급여 혹은 수익의 지속성을 반드시 확인할 것

세 번째로 내 급여와 수익의 지속성을 확인하기 위해 지금 다니는 회사의 상태를 확인해야 한다. 회사의 재무 상태가 불안정하고, 신용

도가 낮은 상태라면 앞에서 제시한 계산과는 별개로 대출금액이 줄어
들거나 납입해야 할 이자가 오를 수 있다. 따라서 부동산 투자 전에 금
융기관에 재직증명서와 원천징수영수증 등을 제출해 대출 상황을 미
리 확인해야 한다. 또한 안정적인 대기업이 아닌 경우 급작스러운 대
표의 변심, 혹은 내가 회사에서 몸담고 있는 부서의 사업이 철수하는
상황도 고려해야 한다.

마지막으로 출산이나 가족의 건강악화 혹은 정리해고 등과 같이 내
의사와 상관없는 퇴직으로 인해 수익이 줄어드는 상황도 염두에 둬야
한다. 월급이 없으면 그동안 소비하던 지출액이 매월 발생하는 이익에
서 빠져 나가는 것이 아니라 내가 가진 순자산액에서 빠져 나가기 때
문에 모아둔 돈을 까먹으며 살아야 하는 상황이 벌어지기 때문이다.
따라서 회사 생활이 안정적이지 않은 상태에서 빨리 돈을 벌고자 하는
욕심에 처음부터 본인의 가용자금을 모두 활용해 무리하게 부동산 투
자를 시작하면 자금 융통에 문제가 생겨 올바른 판단을 하지 못하게
될 확률이 높아진다.

물론 벼랑 끝 전술처럼 절실한 마음으로 뛰어들어 투자에 성공할
수도 있다. 그러나 미래의 수익이 불확실한 상황에서 내가 가진 모든
돈과 신용을 걸고 부동산 투자를 시도하면 단 한 번의 실패만으로 다
시 회복이 불가능한 상태가 될 수도 있다는 것을 명심해야 한다.

4단계: 가족이 동의하지 않은 투자는 과감하게 포기할 것

네 번째, 가족들이 내가 부동산 투자를 하는 것에 대해서 어떻게 생각하는지를 확인해야 한다. 물론 혼자 살면서 혼자 번 돈으로 투자를 했을 때는 큰 문제가 발생하지 않는다. 그러나 독신이 아닌 투자자가 합의 없이 독단으로 부동산 투자를 시도했다가는 가족 간의 불화를 면치 못할 수도 있다. 실제로 부동산 거래를 하다 보면 부동산 매매계약을 하러 오신 부부가 토라져 있는 경우도 많고, 상속 물건의 경우 형제, 자매, 며느리, 사위까지 달려와서 계약서를 쓰니 마니 하면서 나를 앞에 두고 민망하게 싸운 적도 있다. 또한 배우자가 육아나 건강 악화 등으로 예민한 상황에서 부동산 투자한답시고 혼자 밖으로 돌면 투자로 돈을 번다고 할지라도 불만이 쌓일 수밖에 없다. 한 명이 '난 이렇게 힘든데 뭐가 좋다고 밖에 쏘다녀?'라고 생각하면, 다른 한 명이 '당신 힘들지 않게 해 주려고 나도 힘들게 부동산 투자하고 다니는데 뭐가 어쩌고 저째? 나는 뭐 놀 줄 몰라서 투자하러 다니는 줄 알아?'라고 생각하는 순간 그 투자는 이미 실패라고 봐도 무방하다.

덧붙이자면 배우자 몰래 모아둔 돈으로 투자하는 것은 미래에 어떻게 될지 모르는 수익을 위해서, 돈으로도 살 수 없고 지금까지 힘들게 쌓아 온 소중한 행복과 신뢰를 한 순간에 깨트릴 수도 있는 행동이다.

따라서 투자를 진행하기 전에는 반드시 배우자나 가족이 부동산 투자에 대해서 충분히 이해할 수 있는 시간을 줘야 한다. 마치 회사에서 결재를 받기 위해서 품의서를 쓰듯이 예상 가능한 수익과 손실을 계산하고, 축적한 지식과 객관적인 자료를 기반으로 첨부파일을 작성해 가족을 설득해야 한다. 그래야 투자로 인해서 돈을 잃어도 행복은 잃지 않을 수 있으며, 가족들을 설득할 자료를 준비하면서 진행 예정인 투자에 대해서도 한 번 더 체계적인 검토를 할 수 있다.

5단계: 투자를 위한 체력과 시간을 체크할 것

마지막으로 자신이 부동산 투자와 공부를 할 수 있는 체력과 시간을 어느 정도 배분할 수 있는지를 알아야 한다. 야근과 주말 출근이 잦아서 시간을 낼 수 없고 본인의 체력이 부족하다면 직접투자보다는 펀드와 리츠 같은 금융상품을 통한 간접투자가 개인의 행복을 유지하는 데 효과적일 수 있다. 부동산 투자가 건물만 사 두면 자연스럽게 오르는 거라고 생각하면 큰 오산이다. 부동산 투자는 매매 및 임대차 거래, 지속적인 유지 및 관리 노력, 현장 정보 수집 등을 위해 적지 않은 체력과 시간을 들여야 한다.

그뿐만 아니라 투자에 수반되는 활동들은 사람 간의 관계가 기반이 되는 일들이므로 이에 대한 스트레스도 발생하며, 공부와 자료 수집에 투입되는 시간도 만만치 않다. 나 역시 회사를 다니던 시절에는 업무에 투입되는 시간과 스트레스를 투자 전에 미리 생각하지 못한 채 관리가 어려운 물건에 투자했다가 건강을 망치게 된 경험이 있다. 그 결과 치료비로 많은 돈과 시간을 허비했으며, 한 번 나빠진 건강은 돈으로도 되돌릴 수 없다는 뼈아픈 깨달음을 얻었다. 나 자신의 상황을 생각하지 못하고 저지른 과한 욕심과 열정은 오히려 후퇴를 가져올 수도 있다는 것을 비싼 대가를 치르고서야 깨달았던 것이다.

3

성공하는 투자자들은
하루의 밀도가 다르다

　시간은 돈을 주고 살 수 없지만, 돈은 시간을 활용하면 벌 수 있다. 출퇴근 시간, 사람이 많은 버스나 지하철의 풍경을 관찰해 보자. 그리고 회사에서 업무시간이나 점심시간에 사람들이 시간을 어떻게 보내는지 관찰해 보자. 마지막으로 퇴근 이후나 주말에 어떤 활동을 하는지 구체적으로 물어보자. 더불어 그 시간을 어떻게 활용하고 있는지 매 시간별로 조목조목 체크해 보면 나와 주변 사람들이 하루에 주어진 24시간을 어떻게 활용하고 있는지 보일 것이다.

나는 시간을 소비해서
무엇을 생산하고 있는가?

출퇴근 시간 지하철에서 사람들을 관찰해 보자. 거의 모든 사람들이 휴대폰을 보고 있으며, 독서하는 사람은 하루에 한 명도 보기 어려울 것이다. 회사에 출근해서 사무실을 관찰해 보면 인터넷이나 메신저를 켜 놓고 그들의 입장에서는 소통이나 정보 수집을 하고 있는 사람들이 더러 보일 것이다. 애매한 업무는 최대한 남에게 미루고, 업무시간에는 게으르게 시간만 때우면서도 남들보다 열심히 일하는 것처럼 보이기 위해 퇴근을 늦게 하는 사람도 있다.

점심시간은 소중한 자유시간이므로, 나를 위한 투자라고 생각하기도 한다. 그래서 비싼 돈을 들여 맛집을 들렀다가 돌아오는 길에 직원들과 얘기를 나누며 커피 한 잔을 마시기도 한다.

퇴근 이후에는 친구 혹은 직장 동료들과 밤늦게까지 술을 마신 다음 택시를 타고 집에 가거나 대리운전을 이용한다. 다음 날은 숙취로 종일 피곤했으니 일찍 잠을 잔다. 주말에는 지인들과 여행, 레포츠 등을 즐기기 위해 밖으로 나가거나, 몸이 힘들면 집에서 게임을 하거나 낮잠을 자며 하루를 보낸다. 가족과의 시간이 소중한 것은 알지만 어느 정도 큰 자녀들은 방에 들어가 있고, 주중에 회사에서 받은 스트레스와 체력 저하를 핑계로 소파에 누워 있다 보면 어느새 일요일 밤이 되지만, 출근하기 싫은 마음에 잠도 잘 오지 않는다.

지금 이 글을 읽고 있는 당신은 시간을 어떻게 소비하고 있는가? 돈을 소비하면 그것이 맛있는 음식이든, 화려한 옷이든 무언가를 얻을 수는 있다. 하지만 삶과 시간의 소비는 다시 노력하면 벌 수 있는 돈의 소비와는 그 본질부터 다르다.

손바닥만 한 공간에 우리를 가두는 스마트폰

휴대폰은 언제 어디서나 정보를 검색할 수 있게 해주는 유용한 도구이지만, 불필요하거나 단순 유희를 위한 정보를 무차별적으로 쏟아내기도 한다. 이러한 문제를 해결하기 위해 생긴 알고리즘은 반대로 내가 관심 있어 하는 정보만 주야장천 보여준다. 가령 유튜브에서 '부동산 하락'을 검색하면 알고리즘이 부동산 하락에 관련된 영상만 추려서 보여주고, 반대로 '부동산 상승'을 검색하면 상승에 관련된 영상만 보여주는데 이는 생각의 다양성을 점점 더 잃게 한다. 또한 웹툰이나 커뮤니티 게시판의 댓글, 연예인이나 스포츠 기사, 재미있는 자료들을 보다 보면 시간 가는 줄도 모르고 빠져들게 된다.

그러나 우리가 살고 있는 현실은 감히 손바닥 안에 담지 못할 만큼 크고 넓다. 제아무리 휴대폰이 많은 정보를 준다고 해도 그 모든 것들을 손바닥만 한 크기로 바라보기란 불가능하다. 만약 어떤 현상에 대해서 휴대폰을 들고 찾아보는 대신 한두 시간 유심히 관찰하거나, 도서관에서 관련된 책과 자료를 찾아본다거나, 그 현상에 대해서 다른 사람들과 토의한다면 훨씬 더 깊은 지식을 습득할 것이며, 나아가 발전된 새로운 생각을 갖게 될 수도 있다.

부동산 투자와 공부를 하기에는 시간이 부족한가? 그렇다고 24시간인 하루를 25시간, 26시간으로 늘릴 수는 없다. 결국 억지로 잠을 줄이는 방법밖에 없는데 그렇게 되면 피로감이 누적되어 꾸준히 하지 못할 수도 있다. 굳이 휴대폰을 예로 든 것은 낭비하는 시간 가운데 작은 부분부터 나에게 유용한 시간으로 바꿔 보자고 권유하기 위해서다.

하루를 길게 사는 새가 아니라 잘게 쓰는 새가 벌레를 잡는다

하루의 시간을 잘게 쪼개고, 그 쪼개진 시간을 목적에 맞게 집중해서 사용하면 그렇지 않을 때보다 시간을 훨씬 유용하게 활용할 수 있다. 참고로 나는 새벽 5시에 일어나 한 시간 정도 요가를 한 다음 경제

신문을 읽으며 오늘의 할 일을 정리하고, 샤워를 한 후 7시에 드레싱이 없는 샐러드와 삶은 달걀로 아침식사를 간단하게 해결하며 남들보다 일찍 출근하는 삶을 단 하루도 살아본 적이 없다.

실제로 나는 7시 정도에 알람이 울리면 10분 정도 침대에서 뒤척이다 일어나 화장실을 들락날락하다가 준비를 마치고 집을 나서기까지 약 30분 정도가 걸리는데, 출근길이 한 시간 정도 걸리기 때문에 사무실에는 출근 시간이 거의 다 되어서야 도착한다. 나는 남들보다 일찍 시작하고 늦게 끝내는 방식으로 하루를 길게 쓰지는 못하지만, 대신 눈을 뜨고 깨어 있는 시간을 헛되이 보내지 않도록 노력한다. 그 때문에 허투루 새 나가는 시간이 없도록 이름표를 붙이듯 잘게 쪼개진 시간별로 해야 할 일을 부여하고, 그 목적에 맞게 시간을 활용하고 있다.

나의 일상을 하나하나 설명해 보면 다음과 같다. 화장실에 앉아 있는 시간에는 휴대폰 다이어리에 정리되어 있는 부동산 계약 만기일, 각종 회의나 강의 일정을 체크하고, 오늘 어떤 일을 해야 할지 시간대별로 일정을 저장해 둔다. 예를 들어 내일이 한 임차인의 전세만기 3개월 전이라면, 다이어리에 오늘 점심시간에 할 일로 '임차인에게 만기 안내 문자 보내며 퇴거일정 확인하기'가 등록된다. 만약 퇴거를 통보한 상태라면 '주변 부동산 열 곳에 매물 내놓기'라는 일정이 등록되기도 한다.

출근하는 시간에는 대부분 책을 읽는다. 이때는 그저 책을 읽고 끝내는 것이 아니라 책에서 찾아낸 중요한 정보들을 반드시 내 블로그나 메모장에 나만 알아볼 수 있는 수준으로 간단하게 정리해 놓는다. 인터넷 검색이 필요하다면 필요한 것에 대해서만 집중해서 정보를 수집한다. 목적을 정하고 검색을 하면, 무자비한 링크를 통해 생각지도 못한 주제에 휩쓸려 시간을 낭비하는 일을 최소화할 수 있다.

더 심도 있는 지식과 경험이 필요하다면 반드시 돈을 지불하고 유료 강의나 팟캐스트를 듣는다. 물론 비슷한 무료 콘텐츠를 유튜브에서 찾을 수도 있지만, 굳이 돈을 지불하는 이유는 무료 콘텐츠는 자료의 신뢰성과 깊이에 문제가 있는 경우가 많고, 콘텐츠 외의 것으로 이익을 남겨야 하기 때문에 홍보나 광고로 이어지기 때문이다. 결국 무료라는 단어는 내 소중한 시간과 관심을 빼앗아 가기 때문에 진짜 무료가 아닌 것이다.

회사에서는 급한 일부터, 투자에서는 중요한 일부터

출근하면 그 날 해야 할 업무 체크리스트를 작성한다. 회사 업무의 체크리스트 작성 방식은 ① 급하고 중요한 일, ② 급하지만 중요하지 않은 일, ③ 급하지 않지만 중요한 일, ④ 급하지도 않고 중요하지도 않은 일의 순서를 따른다. 회사에서는 내가 판단하는 업무의 중요성보다 상사가 지시한 업무가 중요한 일이기 때문에 상사가 지시한 일을 우선적으로 한다. 물론 내 판단 하에 더 급하고 중요한 일이 있다면 상사에게 먼저 물어보고 의견을 구하기도 한다.

회사 일뿐만 아니라 내 투자 자산에 관한 업무에 대해서도 체크리스트를 작성하는데, 이때는 급한 일보다 중요한 일을 우선으로 두려고 한다. 마감기한이 정해진 프로젝트를 진행하는 회사 업무와 달리 부동산 투자는 장기적으로 지식과 경험을 쌓고, 긴 호흡으로 중요한 일들을 관리하지 않으면 발전이 불가능하다고 생각하기 때문이다.

업무시간에는 최대한 빨리 업무를 끝내고 불필요한 대화를 삼간다. 굳이 사내 정치를 하지 않아도 업무능력을 인정받아 회사에서 나를 필요로 한다면 주위 사람들이 시샘할지라도 회사는 나를 해고하지 않는다. 업무능력이 아닌 사내 정치를 통해 승진을 하는 회사에서는 몇 푼 오르지 않는 월급과 회사 안에서만 사용 가능한 직급을 받는 것 외에는 삶에 보탬이 되는 것도 없고, 자기계발에도 큰 도움이 되지 않는다. 따라서 본인이 느끼기에 현재 회사가 이러한 상황이라면 다른 직장을 찾는 편이 더 나을 수도 있다. 사내 정치가 싫다고 투정을 부리면서도 이직이 불가능하다고 말한다면 본인의 실력과 의지가 부족한 것이며,

본인이 아닌 그 누구도 이 문제를 해결해 줄 수가 없다.

점심을 혼자 먹는 경우에는 유료 강의를 듣고, 같이 먹는 경우에는 주로 회사 밖의 시장 상황에 대해서 이야기를 나눌 수 있는 지인들과 약속을 잡고 함께 먹는다. 같은 팀원 같은 회사 사람들과 점심식사를 하는 것은 당장 편할 수는 있지만 업무 외의 발전적인 이야기를 나누기는 힘들기 때문에 최대한 지양한다.

퇴근은 해방이 아니라 스스로를 재점검하는 시간이다

퇴근 후의 모습은 남들과 크게 다르지 않다. 씻고, 가족들과 저녁을 먹으며 대화를 한다. 그 외의 시간에는 집에서도 텔레비전만큼은 보지 않으려고 한다. 그 대신 책을 읽는데, 집안 분위기가 이렇게 형성되어서인지 초등학생, 유치원생인 두 아들도 텔레비전을 보지 않고 책 읽는 습관을 들였다. 만약 텔레비전, 유튜브 같은 영상을 아이들이 시청하고자 하면 무조건 틀고 있기보다는 보고 싶은 채널이나 콘텐츠를 정해서 방영되는 시간에만 본다. 열 시 이후 아이들이 잠들면 그때부터 컴퓨터에 앉아서 두세 시간 정도 부동산 투자와 관련된 업무를 본다. 여기서 중요한 것은 모든 투자는 반드시 아내와 상의 후 결정한다는 것이다.

평일 중 이틀 정도는 새벽 한두 시까지 앞에서와 같이 생활하고, 일주일에 하루, 많으면 이틀 정도는 친한 친구들을 만나거나 새로운 인사이트를 얻을 수 있는 사람들에게 연락해 저녁 자리를 만드는 편이다. 다만 나의 건강과 일주일의 전체적인 일정을 고려해 저녁 약속을 주 2회 이상 잡지는 않는다.

물론 새로운 사람과의 만남이나 퇴근 후 스스로를 통제하는 삶이 처음에는 편하지 않을 것이다. 그러나 투자와 지식의 범위가 넓어질수록, 삶이 회사에 매몰되거나 인간관계가 비슷한 사람들 사이에서만 맴돌수록 자신의 시야가 좁아지는 것을 느낄 것이다. 힘들고 불편하더라도 새로운 사람들을 만나서 계속 새로운 세상을 보고 배워야 스스로 성장할 수 있다.

그렇다고 새로운 사람들을 만나서 밤을 새워 가면서 술을 마시라는 건 아니다. 만남과 교제에 너무 많은 시간을 빼앗기면 오히려 일정에 차질이 생길 수도 있다.

주말 이틀 가운데 토요일은 부동산과 관련된 일정으로 하루를 보낸다. 과거에는 부동산 관련 수업을 듣는 데 열중했다면 최근에는 반대로 부동산 대학원에서 강의를 하고 있다.

　회사와 집에서 이렇게 시간을 쪼개 활용했고, 오랜 기간에 걸쳐서 실천하며 자연스레 몸에 배게끔 만들었다. 결혼 전에는 자투리 시간 대부분을 부업을 통한 수익 창출에 쏟았다. 돌이켜 보면 그렇게 쪼개고 쪼개 활용한 시간들로 종잣돈을 마련할 수 있었으며, 그것을 바탕으로 지금의 나를 만들 수 있었다고 생각한다.

　부동산 투자뿐 아니라 어떤 일이든 성공하기 위해서는 그 분야에서 남들보다 많은 시간을 투입해야 한다. 더욱 중요한 점은 무조건 오랜 시간을 소비하는 것이 아니라, 시간을 잘게 쪼갠 다음 그 세분화된 시간마다 목적을 부여함으로써 집중할 수 있는 삶의 태도를 꾸준히 유지해야 한다는 것이다.

4

자산은 스스로 관리하라

"여기 증권사 사장 나와! 이게 말이나 되는 소리야? 당장 나와!"

그때 난 여의도에 있는 증권사 본사 1층에서 고함을 지르고 있었다. 한 증권사의 해외 펀드에 넣어둔 소중한 내 돈이 반 정도 사라져 버렸기 때문이다. 대학생 시절부터 아르바이트를 하며 모은 돈은 물론이고, 직업군인 시절 GOP에서 받은 생명수당까지 허투루 쓰지 않고 아끼고 아껴가며 모은 피 같은 내 재산이었다.

전역하자마자 증권사를 찾아가 확인해 보니 내가 투자했던 펀드의

155

손실이 상당했다. 그것만으로도 일단 화가 나는 일이었는데 막상 돈이 필요해 출금을 하려니까 수수료까지 제하겠다고 해서 나는 이성을 반쯤 놓고 말았다. 투자 전문가라는 말만 믿고 돈을 맡겼는데 손해를 끼친 것도 모자라 남의 돈을 함부로 굴린 사람들의 보수까지 알뜰히 챙겨 가겠다니, 말문이 막혔다.

증권사 본사 빌딩에서 사장 나오라며 고함을 치던 나는 곧 보안요원들에 의해 어딘가로 인도되었고, 곧 어느 회의실에 앉혀졌다. 테이블 위에는 사탕, 초콜릿, 작은 과자들이 잔뜩 진열되어 있었다. 잠시 후 말끔한 정장 차림의 30대 후반 정도로 보이는 증권사 직원이 들어왔다.

"투자자님, 상심이 많이 크시지요. 우선 이것 좀 드시면서 말씀하세요. 커피는 따뜻한 걸로 준비했는데 괜찮으세요?"

전역하자마자 갓 사회에 나온 20대였던 나는 새까만 머리를 윤기나게 뒤로 넘긴 증권사 직원에게 왠지 모르게 주눅이 들었다.

증권사 직원은 현란한 말재주로 한 시간 정도를 끊임없이 설명했다. 당시 그는 내가 이해할 수 없는 경제 용어를 들먹이며, 세계 경제 상황에 대해 설명했다. 기억을 더듬어 그의 말을 요약하자면 '지금은 세계 경제가 어려워져서 손해처럼 보일 수 있다. 그러나 꾸준하게 계속 납입하면 분명 회복할 것이다. 만약 당신이 지금 펀드를 해지하면 회복할 기회조차 놓치게 되는 것인데 괜찮겠느냐? 결과가 어찌되었든 투자는 투자자인 당신의 의지로 진행된 것이니 책임은 당신에게 있는데 여기서 이런다고 아무것도 해결되지 않는다'는 것이었다.

남에게 맡긴 돈은
더 이상 내 돈이 아니다

증권사 직원의 화려한 해명을 듣는 한 시간 동안 주위를 둘러보면서 생각했다. '저 직원은 내가 돈을 잃어도 내가 맡긴 돈 덕분에 월급을 받고 저 멋진 옷도 샀을 테고, 이 증권사는 내 돈으로 이렇게 커피와 사탕도 사고, 건물도 으리으리하게 지었겠구나. 어차피 내 돈으로 투자해서 손해 보고 내가 책임질 것이라면 남들 좋은 일은 그만 하고, 차라리 직접 하면서 배우기라도 해야겠다.'

그 이후로 회사 생활을 하는 동안 난 일정 부분 손해를 보더라도 그동안 가입해 놓았던 보험과 펀드를 해지해서 돈을 회수하기 시작했다. 그렇게 돈이 모이는 대로 통장에 꼬박꼬박 넣어뒀다. 당시는 펀드로 돈을 잃은 상황이었기 때문에 잃지 않는 것만으로도 소중하게 느껴져서, 이자가 낮은 것은 크게 개의치 않았다. 그리고 주식 관련 책을 사서 공부하고, 주위 사람들과 주식 이야기도 하면서 직접 주식 투자를 시작했다. 물론 주식 투자는 대학교 1학년 시절부터 간간이 해 왔지만 이렇게 많은 돈을 주식에 넣고 본격적으로 투자한 것은 처음이었다. 주식이 하루에 10만 원이라도 오르는 날에는 '회사 안 다니고 주식만 해도 충분히 먹고 살 수 있겠는데?' 싶다가도 20만 원이 떨어지는 날이면 실수로 투자를 한 것 같아 또 금방 우울해졌다.

내 주식 투자의 결과부터 이야기하면, 결국은 많은 돈을 잃었다. 인터넷이나 주위 사람들이 추천하는 주식을 시간 단위로 사고파는 단타 거래를 반복했으며, 종목 토론방을 보고 시시덕거리면서 그것이 주식 공부에 도움이 된다고 생각했다. 어설프게라도 재무상태표를 읽고 주식 차트도 분석했으나 결국은 누군지도 모르는 그 주식회사 경영자만 믿고 내 돈을 맡겨놓은 꼴이었다. 내가 가진 주식의 가치를 높이는 데 내가 할 수 있는 일은 아무것도 없었다. 주주는 회사의 주인임에도 불구하고, 대주주가 아닌 이상 회사의 경영에는 어떠한 참여도 하기 어려웠다.

결국 회사 손익에 영향을 미치지 않는 뉴스나 중요하지도 않은 소문만 들어도 불안한 마음에 주식을 빈번하게 사고팔았다. 거기에 내가 다닌 회사의 주식도 계속 사 모으고 있었는데, 그 이유는 밝히기 부끄럽지만 아주 단순하게 '이렇게 열정적이고 유능한 내가 다니고 있었기 때문'이었다. 물론 난 일개 신입사원으로 임원의 얼굴도 제대로 볼 수 없는 아주 작은 존재에 불과했지만 말이다.

앞서 이야기했듯이 내가 다니던 회사는 상황이 안 좋아지면서 그 회사의 주식들 또한 거래정지 혹은 상장폐지가 되었고, 그렇게 난 또 다시 많은 돈을 잃고서야 내가 투자한 기업의 내부 사정과 시장 상황을 속속들이 알기 어려운 주식 투자는 내게 맞지 않다는 것을 배웠다. 투자를 통해 내가 배울 수 있는 것도 적었고, 내 돈이 들어갔음에도 손해가 발생했을 때 어찌 할 방도가 없었으며, 할 수 있는 것이라고는 오직 허공에 대고 소리를 지르거나 화내는 정도밖에 없었다.

이 글을 읽는 당신의 투자 방식은 어떠한가? 투자에 실패할까 봐 두려워서 혹은 내 돈을 내가 운용하는 것이 귀찮아서 남에게 맡겨놓고 신경 쓰지 않고 있는 것은 아닌가? 본인이 직접 자산의 가치를 높이는 투자 활동을 할 수 있는 상태인가? 밭에 씨앗만 뿌려 놓고, '다른 사람이 가꿔 주겠지'라는 마음으로 손을 놓고 있으면 그해 농사가 잘 될까? 다른 사람이 농사 전문가라고 할지라도 과연 자기의 농작물보다 남의 농작물을 더 정성스레 가꿀 수 있을까?

부동산은 내가 운영하는
나만의 투자처다

그렇다면 내가 노력하는 만큼 투자한 대상의 가치를 증가시킬 수 있는 적극적인 투자법으로는 어떤 것이 있을까? 나는 이 질문에 대한 대답을 부동산에서 찾았다. 물론 이미 지역이 형성되고, 똑같은 규모와 디자인으로 규격화된 아파트나 오피스텔과 같은 주거용 부동산은 이미 시장 가격이 어느 정도 비슷한 수준으로 형성되어 있다. 따라서 지역과 단지 그리고 평형이 비슷하면 시장 상황에 따라 가격 등락이 이루어진다. 내 아파트의 가격만 오르락내리락하지 않는 이유이기도 하다.

그러나 임차인의 요구에 맞는 인테리어를 새로 해 준다거나 가구 및 빌트인 가전제품의 제공을 통해 자산 가치를 향상시킬 수 있다면, 또는 잔고 증명이나 세금완납증명서, 전세금에 대한 권리 설정 등 전세금 반환에 대한 안정성과 신용도를 높일 수 있다면 그만큼 임차인이 납부하는 전세 보증금이나 월 임차료를 주변에 비해 높게 받을 수 있을 것이다. 즉 나의 노력으로 부동산 가치를 어느 정도 상승시킬 수 있다는 것이다.

월세 수익을 목적으로 하는 상가, 사무실과 같은 상업용 부동산의 경우 역시 임차인들의 요구 사항에 적극적으로 대응해 주거나 임대인이 먼저 임차인의 불편함을 말하기 전에 문제를 해결해 준다면 그에 따라 나타나는 임차인의 만족은 결국 수익성 향상으로 직결된다.

또한 본인이 건물 전체를 소유한 경우 임차인의 콘셉트에 맞게 리모델링을 해 주거나 주변 상권 분석과 홍보활동을 함께 진행하면서 상생하는 방식으로 가치 상승을 도모할 수도 있다. 즉, 부동산은 내가 직접 투자하고 내 물건에 대한 경영 참여가 가능하며, 새로운 가치를 창출할 수도 있다. 다시 말해 내가 투자한 돈을 내가 운영하면서, 가치가 살아 움직이는 것을 직접 확인할 수 있는 흥미로운 투자처라는 것이다.

돈을 버는 것보다 돈을 지키는 게 더 중요하다

주식투자를 통해 배운 것 중 '-50=+100 법칙'과 '72 법칙'이 있다. '-50=+100 법칙'이란 50%의 손실은 100% 수익을 내야 복구된다는 것이다. 예를 들어 10억을 투자했으나 50%가 하락해 5억이 되는 경우, 다시 10억으로 돌아오기 위해서는 5억의 50%가 아니라 5억의 100%가 상승해야 본전이 된다는 것이다.

'72 법칙'이란 현재 수익률에서 자산이 두 배로 불어나는 데 걸리는 시간을 계산하는 것이다. 가령 연 4%의 수익률을 유지할 때, 원금이 두 배로 불어나기 위한 시간은 72에서 4를 나눈 18년이 걸린다. 두 법칙을 설명한 이유는 돈을 버는 것보다 더 중요한 것은 돈을 지키는 것이며, 돈을 벌기 위해서는 오랜 시간 꾸준히 일정한 수익률을 유지해야 한다는 점을 설명하기 위해서다. 투자에 성공하기 위해서는 일확천금을 노리는 것보다 수익률이 높지 않더라도 잃지 않는, 지키는 투자를 할 줄 알아야 한다.

5

성공적인 투자를 위한
세 가지 공부 습관

　회사를 다니며 월급이라는 안정적인 수입을 꼬박꼬박 받는다는 것, 그 하나만으로도 대단히 어려운 일이다. 지금 회사를 다니는 여러분도 학창 시절에 열심히 공부하고, 영어 점수와 인턴 경력, 해외연수 등 다양한 스펙을 쌓았기 때문에 이렇게 취업을 할 수 있었을 것이다. 회사가 주는 월급 덕분에 생계를 꾸릴 수도, 가족을 부양할 수도 있다. 내 아버지도 회사원의 삶을 평생 살아 오셨고, 나 역시 그렇게 살아가고 있다. 인간의 평균 수명이 길어지면서 수입이 줄어든 은퇴 이후에도 긴 삶이 기다리고 있다거나, 과학기술의 발달로 일자리가 줄어드는 상황을 보면서 나 역시 위기감을 느끼기도 한다.

그러나 이러한 위기감으로부터 한 발 물러서서 세상을 바라보면 처음부터 회사에 입사하지 않은 사람도 있고, 젊은 나이에 별다른 계획도 없이 퇴사한 사람도 있으며, 정년퇴임을 맞을 때까지 회사에서 일만 하다가 새로운 일자리를 찾아 사회로 나온 사람도 있다. 모든 사람들은 꼭 회사가 아니라도 사회에서 자신의 역할에 맞는 밥벌이를 하면서 살고 있다. 즉 현재 직업에 대해 불안해하며, 부동산이 유일한 해결책인 양 집착하고 매달리지 않아도 된다는 것이다. 손에 힘을 과도하게 주면 손에 쥔 막대가 부러지듯이, 회사생활과 투자 생활 모두 처음부터 힘이 많이 들어가게 되면 두 가지 일을 다 그르칠 수 있다. 그러므로 부동산 투자를 할 때는 본인의 현재 상황에 맞게, 여력이 되는 범위 내에서 지속적으로 공부한다는 마음가짐으로 진행해야 장기간에 걸친 수익을 얻을 수 있다.

농부 투자자를 위한 공부법 1: 부동산학과 진학

내가 해 온 부동산 공부는 족집게 과외처럼 한 가지 투자 방식으로 특정 지역만 파고들어서 짧은 시간에 얼마를 벌었다고 자랑할 만한 성과를 내는 방식은 아니다. 내 투자 방식은 느리면서도, 광범위하며 또한 장기적이다.

먼저 첫 번째 방법은 부동산학과가 있는 대학교나 대학원에 진학하는 것이다. 부동산학과는 전국의 여러 학교에 개설되어 있지만 '부동산학과'로 학과명이 정해져 있지 않을 수도 있다. 건축이나 도시, 행정, 환경과도 전공이 관련되어 있으니 통학 가능한 지역의 대학교나 대학원 홈페이지에서 찾아보길 권한다.

물론 내가 권하는 원론적인 방법을 듣고 '늦은 나이에 무슨 학교를 다니라는 것인가? 한 학기 학비가 얼마인데 그걸 권하느냐?'라고 생각할 수도 있다. 그러나 실제 부동산 대학원에 입학해 보면 20대부터 60대까지, 다양한 연령과 직업의 사람들을 만날 수 있다.

그렇다면 부동산학과에 모인 많은 사람들이 모두 건물을 몇 채씩 가지고 있으며 비싼 학비를 무리 없이 낼 정도로 부자일까? 적어도 내가 본 사람들은 그렇지 않았다. 누구보다 간절하고 삶에 열성적이었으며, 그런 분들과 함께한다면 부동산 투자에 대한 기술을 넘어 바람직한 삶의 자세도 배울 수 있을 것이다.

학교 내의 교육 커리큘럼도 다양하다. 경제학, 경영학, 법학, 건축학, 인문학 등 다양한 학문이 융합된 학문인 부동산학을 공부하는 것은 사회 전반에 대한 시야를 넓힐 수 있는 가장 효율적인 방법이기도 하다. 물론 배운 것들을 실제 투자나 업무에 활용하고 실천하는 것이 더 중요하지만 말이다.

공인중개사 자격증 공부나 사설 교육기관의 특강이 학교에서 받는 교육보다 정보의 습득이 빠르고, 즉각적인 갈증 해소에 도움이 되는 것은 사실이다. 그러나 한 가지 방식의 부동산 투자만 하고 말 것이 아니라 꾸준하게 여러 분야에서 투자하고 그 범위를 늘려가기 위해서는 부동산과 관련한 종합적인 이론을 배우고 시야를 넓히는 것이 중요하다. 이러한 측면으로 본다면 학교만큼 좋은 곳이 없다.

예를 들어 부동산 대학원에서 한 학기에 개설되는 강의는 30여 개에 이른다. 구체적으로는 부동산학원론부터 도시개발, 도시재생, 조세, 교통, 빅데이터, 정책, 공간 분석, 입지, 계량 분석, 자산관리, 도시사회학, 권리분석, 토지이용계획, 시설관리, 해외 부동산, 재무 관리, 스마트 도시, 사법, 공법, 컨설팅, 블록체인, 마케팅 기획, 감정평가, 그린뉴딜 등 평소 유튜브나 매체를 통해서는 경험하기 힘든 다양한 분야에 대해서 공부할 수 있다. 또한 그 분야에서 활동하는 전문가와 교수님들의 노하우도 전수받을 수 있다.

그뿐만이 아니다. 학교에서 만나는 원우들과의 관계는 부동산에 한정되어 있지 않기에 더 넓은 세상을 볼 수 있는 시야를 가질 수 있으며, 학교생활이 지속될수록 관계 또한 깊어지기에 여기서 쌓은 인맥은 다방면으로 큰 도움이 된다.

농부 투자자를 위한 공부법 2: 편식하지 않는 독서 습관

두 번째 공부법은 다름 아닌 독서다. 독서하는 습관은 매일 삼시 세 끼를 아무렇지 않게 챙겨 먹는 것처럼 들이는 것이 좋다. 나는 한 권을 다 읽으면 그 책에 대해서 간단히 정리를 해놓고, 바로 다음 책을 집어 든다. 내가 애용하는 인터넷 서점과 도서관의 장바구니에는 관심 있는 책이 항상 들어 있으며, 부동산과 관련된 신간이 나오면 대부분 찾아 읽는다. 부동산 외에도 경제와 경영, 사회문화 관련 분야뿐만 아니라 수필, 소설까지 이슈가 되는 책은 대부분 읽으려고 한다. 부동산학은 단순히 기술만 필요한 학문이 아니라 여러 분야가 융합된 학문이기 때문이다. 특히 상가 임대에 영향을 미치는 소비 트렌드는 최근 동향에 민감하게 반응하며 계속해서 변화하기 때문에 이러한 흐름을 놓치지 않기 위해서라도 책을 가까이 한다.

책을 읽는 시간은 대부분 출퇴근과 같은 이동 시간이나 잠들기 전이다. 특히 비슷한 분야의 책을 여러 권 읽다 보면 내용 자체가 겹치는 경우가 많기 때문에 책을 읽는 데 생각만큼 많은 시간이 소요되지 않는다.

이렇게 독서를 하다 보면 세상에 듣지도 보지도 못한 새로운 진리나 고정된 정의는 없으며, 알면서도 못하고 있는 것들이 대부분이라는 사실을 알게 된다. 최근에는 부동산의 여러 분야에서 수많은 전문가가 배출되면서 그 노하우를 담은 책들 또한 많이 출판되고 있기 때문에 그 책들을 읽음으로써 현장의 지식과 경험을 전수받을 수 있다.

다만 성공한 저자가 쓴 한 권의 책만 보고, 그것이 부동산 투자의 절대적인 공식이라고 착각하고 그것만 똑같이 따라 해서는 안 된다. 반드시 여러 저자가 쓴 여러 책을 교차하듯 읽고, 또 시대의 변화에 맞는 독서법을 추구해야 옥석을 가릴 수 있는 판단력이 생긴다.

농부 투자자를 위한 공부법 3:
목소리를 들을 수 있는 현장 답사

세 번째 공부법은 꾸준히 현장을 가보는 것이다. 현장은 학교에서 얻은 지식과 책에서 얻은 정보를 실제로 확인해 보고 검증하는 자리다. 다른 사람들의 이론과 경험을 내 것으로 만들기 위한 필수적인 과정이며, 투자 전에 반드시 거쳐야 하는 절차다.

평소에 궁금했던 사항들을 수첩에 적어 놓았다면 현장의 정보를 가장 많이 알고 있는 공인중개사, 건축사 사무소, 관할 시군구청 공무원 그리고 식당에서 만나는 동네 주민들에게까지 현장에 대한 생생한 이야기를 들을 수 있어야 한다. 여기서 중요한 점은 어느 정도의 지식이 갖춰져 있어야 방문 지역과 투자 대상에 대해 질문할 수 있고, 현장에서 오가는 이야기가 옳고 그른지 판단할 수 있다는 것이다. 인터넷뿐만 아니라 현장에도 옳은 정보와 그렇지 않은 정보가 혼재되어 있다. 따라서 현장 답사 전 책이나 인터넷을 통해 정보를 얻는 준비는 필수다.

개인적으로는 네이버 부동산과 지도를 통해 유사 물건과 지역에 대해 검색하고, 부동산플래닛 앱으로 지역에 대한 정보, 건물의 대략적인 가격, 해당 지자체에 관련된 뉴스나 자료를 수집하곤 한다. 부동산 플래닛의 경우 실거래가뿐만 아니라 용적률, 노후도, 인구 변화 등 지역에 대한 통계적 정보와 매일 업데이트되는 부동산 뉴스, 분기별로 발행하는 마켓리포트, 그리고 뉴스에서 매번 찾기 어려운 정부의 보도 자료를 정리해서 보여주기 때문에 객관적인 정보를 수집할 때 효율성이 상당히 높다.

최근에는 프롭테크의 발전으로 인터넷에서 얻는 정보를 기반으로 투자를 결정하는 경우도 많아졌다. 휴대폰에 앱 몇 가지만 설치하면 전국 부동산 매물의 가격과 실거래가 이력, 해당 지역에 대해서 사람들이 올려놓은 후기까지 볼 수 있을 정도로 접근이 편리해진 것이다. 그럼에도 불구하고 굳이 시간을 들여 현장에 방문하고 지역 관계자들까지 만나서 확인하는 이유는 아파트와 빌라 같은 주거용 부동산에 투자할 때뿐만 아니라 상가나 오피스 같은 상업용 부동산에 투자를 할 때도 동일하게 적용되는 이치가 있기 때문이다. 바로 내가 투자한 물건의 최종 수요자는 인터넷에 광범위하게 퍼져 있는 불특정한 익명이 아니라 해당 지역 인근의 주민이거나 해당 지역에 관심이 있는 주변 사람들이라는 것이다.

상가에 투자하는 경우 규모가 비슷한 주변의 상가에 어떤 임차인들이 있는지를 확인하고, 그 안에 앉아서 매출의 기준이 되는 테이블 수와 메뉴의 가격, 요일 및 시간대별 유동인구뿐만 아니라 해당 업장에 방문하는 고객의 수와 성별, 연령대를 확인하고 임대료와 권리금을 조심스레 물어보기도 한다. 내가 투자할 상가의 매출이 얼마나 나오는지에 따라 해당 범위 내에서 임대료가 결정되기 때문이다. 아파트 같은 주거용 부동산은 실제 거래가 된 시세를 확인하는 것이 가능하지만 상가는 실제 계약된 사례가 아파트처럼 많지 않고, 시세 확인이 어렵기 때문에 현장 방문은 필수다. 중개사무소에서 안내하는 시세는 실제 계약된 시세가 아니라 임대인이 원하는 가격에 불과하다. 따라서 투자 결정 시 중개사무소에서 제시하는 예상 임대료 수준은 실제 현장의 임대 조건보다 높은 수준인 경우가 많은 것을 확인할 수 있다.

또한 뉴스나 인터넷상에서는 해당 지역의 개발이 곧 진행될 것처럼 보여도, 실제 현장을 가보면 주민들의 참여 의지가 별로 없고 인식조차 못하고 있는 경우도 많다.

지금까지 정리한 세 가지 공부 습관을 유지한다면 관심이 있는 지역에 대한 정보가 지속적으로 쌓일 것이다. 또한 해당 지역의 거래가 필요한 경우 꾸준하게 관계를 쌓아 온 지역 중개인들의 도움을 먼저 받을 수도 있다. 이를 위해서 투자하는 부동산 물건의 총 개수를 관리할 수 있는 능력치 안에서 조절하는 것이 좋다. 부동산을 너무 많이 갖고 있으면 관리가 소홀해질 수밖에 없기 때문이다. 특히 내 경우에는 한 번 진입한 지역에 대해서는 꾸준히 방문하고, 해당 지역에서 지속적으로 거래를 하기 때문에 투자에 많은 시간이 소요되는 편이다. 그 대신 중개소 사장님들이 나를 잠시 스쳐가는 단기 투자자로 인식하지는 않게 되었다.

따라서 한 지역에서도 여러 중개인과 무차별적으로 거래하기보다는 경험이 있고 피드백이 빠르며 열정적인 중개인을 중심으로 거래를 하는 것이 바람직하다. 이렇게 물건에 대한 이해뿐만 아니라 지역에 대한 이해와 인간관계가 함께 발전한다면, 내 상황과 성향에 맞는 양질의 투자 물건을 지속적으로 찾기가 수월해질 것이다.

4장

투자의 메타인지

1

나에게 맞는 스타일을 찾아 선택의 폭을 좁혀라

부동산 투자를 시작하기 전 본인이 투입할 수 있는 자금과 시간, 주변 환경에 대해 객관적인 상황 파악을 마쳤다면 이제 용기를 갖고 실행할 단계다. 여기서 말하는 용기란 좋아 보이는 물건을 차지하기 위해 남들보다 빨리 더 많은 돈을 투자하는 게 아니다. 부동산 투자에서 용기란 '내가 어떤 부동산에 얼마를 투자했을 때 어느 정도 잃어도 나의 경제 상황이 흔들리지 않는지, 어느 정도의 기간에 얼마만큼의 수익률을 기대하고 있는지에 대한 구체적인 계획을 세운 후 나에게 맞는 투자를 실행하는 것'이다. 주위에서 좋다고 부추기고, 본인이 봐도 좋아 보이는 물건에 계획도 없이 마구잡이로 덤벼드는 게 용기라 아니라는 것이다.

부동산 투자에도 스타일이 있다

부동산은 입지와 가치에 대한 부분 외에도 수많은 변수가 작용한다. 심지어 수치화하기 힘든 사람들의 주관적인 심리까지 반영되기 때문에 몇 가지의 변수만을 근거 삼아 '시장이 좋아질 것이다 혹은 나빠질 것이다'라고 예측하는 것은 상당히 어려운 일이다. 예측이 어느 정도 가능하다 할지라도 내가 투자한 특정 지역과 전반적인 부동산 시장의 흐름이 다른 경우도 많다. 따라서 부동산 투자를 하기 전에 돈을 버는 상황뿐만 아니라 잃는 상황도 고려해야 객관적인 투자가 가능하다.

물론 장기적으로 물가가 오르는 것처럼 내가 투자한 부동산에 대한 가격과 가치도 지속적으로 오를 수 있다는 믿음, 그리고 그 기간 동안 발생할 수 있는 공실 비용(임차인이 없는 상태로 임대료 수입은 없지만 유지보수 비용은 발생하는 상태)과 세금을 버틸 수 있는 넉넉한 자금이 준비되어 있으면 불안해하지 않아도 된다.

그러나 개인 투자자는 자금력이 뒷받침되지 않는 경우가 많다. 이러한 문제를 극복하기 위해 회사를 다니면서 받는 안정적인 월급이 필요한 것이다. 적은 돈이라도 매달 나오는 급여는 부동산 투자에 따른 관리비용과 이자, 주기적으로 발생하는 보유에 따른 세금을 납부할 수 있게 해 주고, 나아가 가치 하락이 발생해도 일정 부분 감수하고 매도한 다음, 훗날을 도모할 수 있게 해 준다. 이처럼 긴 호흡의 투자를 가능케 하는 안정적인 수입은 실패를 성공으로 바꾸는 바탕이 된다. 단기적인 금전 손해는 장기적으로 볼 때 오히려 좋은 공부와 경험이 되기도 한다.

부동산 투자를 실행으로 옮기기 위해서는 시장에 어떠한 투자 물건이 있는지, 그 물건이 어떤 특성과 스타일을 가지고 있는지 알아야 한다. 그래야 자신의 상황에 맞는 부동산 투자의 폭을 좁힐 수 있기 때문이다. 또한 부동산 투자는 우리가 경험했던 교육 과정과 마찬가지로 실력을 단계별로 키워야 한다. 초등학생이 중고등학교 과정을 건너뛰고 갑자기 대학수학능력시험에서 만점을 받을 수는 없는 것과 같은 이치다.

결국 투자금액이 적거나 관리가 쉬운 것부터 시작해서 차차 난이도를 높여야 실패의 확률이 줄어든다. 이해를 돕기 위해 부동산 투자를 농사법에 비유해서 스타일을 구분해 보았다. 나에게 맞는 투자법이 무엇인지 확인해 보자.

■ 부동산 투자 대상에 따른 스타일 구분

	부동산 투자 대상 [농사 투자 스타일]	주거용 부동산 [밭 농사]	상업용 부동산 [논 농사]	개발형 부동산 [과수원 농사]
	물건	아파트, 빌라	사무실, 상가	토지+건물, 리모델링
	투자자 성향	안정 추구형	위험 중립형	적극적 수익 추구형
	투자 수익률	3%~5% 내외	5%~8% 내외	8% 이상
투자 단계	투자 전 검토사항	적음	중간	많음
	정보의 수집	쉬움	중간	어려움
	관계자	적음	중간	많음
	투입 시간	적음	중간	많음
	최초 투입자금	적음	중간	많음
	대출비중	낮음	중간	높음
	규격화 정도	높음	중간	낮음
매입 단계	공사 항목	일반적인 사항	전문적인 유지보수 및 수리 필요	용도변경, 대수선, 신축 등 건축 관련 요소 포함
	임차인 모집	쉬움	중간	어려움
	임대료 안정성	높음	중간	낮음
	초기 공실 기간	짧음	중간	김
운영 (보유) 단계	임대료 변동성	낮음	중간	높음
	임차인 영향력	적음	중간	많음
	건물관리 사항	적음	중간	많음
	민원대응 사항	적음	중간	많음
	임대 수익률	낮음	중간	높음
매각 단계	환금성	높음	중간	낮음
	가치 상승가능성	낮음	중간	높음

투자 대상에 따른
세 가지 농사 스타일

첫 번째, 밭농사 스타일의 투자법은 쉽게 잘 자라고 수확도 용이한 상추와 고추 같은 작은 농작물을 떠올리면 이해하기 쉽다. 부동산 물건으로는 아파트나 빌라, 오피스텔 등 사람이 거주할 수 있는 주거용 부동산이 여기에 해당된다. 이러한 투자 물건은 상업용 부동산이나 개발형 부동산 투자 물건에 비해 초기 투자비용이 적게 들고 그만큼 수익률도 낮다. 그러나 관리가 쉽고, 다른 투자법에 비하면 상대적으로 깊은 지식을 요구하지 않기 때문에 부동산 투자를 시작하는 초보자의 입장에서 접근하기 용이하다. 다만 시장에 유사한 물건이 많고, 진입이 쉬운 만큼 경쟁자도 많다. 마치 농부가 상추와 고추만 팔아서는 큰 부자가 되기 어려울 수 있는 것과 같다.

두 번째, 논농사 스타일의 투자법은 밭을 일구는 것보다 지식과 노동의 양이 더 요구된다. 농사로 비유하면 씨앗 가격 대비 수확물이 상대적으로 많은 쌀과 보리를 생각하면 된다. 부동산 물건으로는 상가, 오피스 등 임차인이 해당 물건에서 수익을 창출해야 하는 상업용 부동산이 여기에 해당된다. 상업용 부동산은 주거용 부동산의 대표적인 투자 물건인 아파트에 비해 상대적으로 정보 수집을 위한 시간과 노력이 많이 들고, 입지 분석과 임차인 모집에 따른 지식이 더 많이 요구되기 때문에 접근이 어렵다. 또한 아파트처럼 별도의 관리단이 있는 건물의 상가나 사무실이 아닌 경우, 임차인의 수리 요청에 직접 대응해야 하는 경우가 발생하기에 보유하는 동안 밭농사 스타일의 부동산 투자보다 시간과 노력이 더 많이 투입된다. 주거용 부동산에 비해 시간과 노력이 더 투입되는 만큼 수익률이 높다는 장점도 있다.

세 번째, 과수원농사 스타일의 투자법은 지금까지 열거한 농사 투자법 가운데 난이도가 가장 높고, 그만큼 수익률도 높다. 과수원 농사에서 상품성 있는 열매를 얻기 위해서는 많은 시간과 노력이 필요하다. 그러나 과수원은 장기간 잘 가꿔 주면 매년 씨를 뿌리지 않아도 사과, 포도와 같은 열매가 열린다는 장점이 있다. 부동산 물건으로 보면 노후된 건물을 토지와 함께 매입해서 전체적으로 리모델링을 하거나 철거 후 신축하는 투자까지도 포함할 수 있다. 돈을 모으고, 많은 시간을 들여 공사에 따른 리스크까지 감수해야 하는 방식이기에 평범한 회사원의 입장에서는 진입장벽이 높다고 느낄 수 있다.

나를 알고 목표를 알아야
시장에서 헤매지 않는다

지금까지의 과정은 부동산 농사 투자를 시작하기 전 준비 단계였다. 씨앗을 살 돈을 모아놓고, 내가 농사에 투입할 수 있는 시간과 체력을 확인했으며, 어떤 작물이 나에게 맞을지 스타일별로 훑어보기도 했다. 물론 씨앗을 고르는 단계에서 다 자란 작물이 얼마에 팔릴지 예상하는 것은 쉬운 일이 아니다. 작물의 가격은 매각 시점의 시장 상황에 따라 수시로 변하기 때문이다.

따라서 부동산 농사 투자를 하기 위해서는 얼마가 되면 팔겠다는 실현 가능한 목표를 설정해 놓아야 한다. 초기에 설정한 목표수익률이 없으면 상승장에서는 더 상승할 것 같아서 팔지 못하고, 하락장에서는 다시 오를 것 같아서 팔지 못하는 진퇴양난의 사태를 맞게 된다.

사람들의 심리가 위축되고 시장이 안 좋아서 현재 씨앗 가격이 지난해에 비해 떨어졌다고 생각해 보자. 그렇다면 몇 년 뒤에 그 열매의 가격도 지금 씨앗의 가격처럼 하락할까? 농사를 잘 짓는 농부라면 그렇게 판단하지 않을 것이다. 오히려 씨앗이 싼 시기가 왔을 때 비쌌던 시기보다 많이 사서 심어 놓는다면, 나중에 열매가 열렸을 때 다른 사람들은 그 시기에 그 씨앗을 많이 심어놓지 않았기 때문에 더 높은 가격으로 열매를 팔 수 있을 것이다.

2

밭농사 스타일
초보자가 접근하기
쉬운 주거용 투자

　나는 농사를 지으시던 할머니, 할아버지 덕분에 어린 시절부터 시골에 내려가서 농사일을 볼 기회가 많았다. 시골집 대문 너머에는 작은 밭이 있었고, 그 밭에는 고추, 상추, 오이, 가지, 콩 등 다양한 작물들이 조금씩 심어져 있었다. 할머니는 반찬거리용 채소를 밭에서 직접 재배하거나, 작물이 많이 열릴 때는 장에 내다 팔기도 했다.

접근성이 좋고 위험 부담이 적은
주거용 부동산 투자

할머니께서 집안일을 하시다가 잠깐씩 나가서 하시던 밭농사를 부동산 투자 물건에 비유해 보면 많은 투자자들이 쉽게 진입할 수 있는 아파트, 빌라와 같은 주거용 부동산이 될 것이다. 이러한 유형의 투자는 집안일과 병행할 수 있을 정도로 시간과 노력이 많이 들어가지 않는다. 또한 밭농사에서 수확물이 팔리지 않으면 자신이 직접 소비해 버리면 되는 것처럼, 주거용 부동산 투자 역시 집에 투자했다가 임대차 계약을 못 하더라도 공실로 두지 않고 투자자 본인이 들어가서 살수 있기 때문에 위험 부담이 덜하다. 또한 안정적인 만큼 수익률은 높지 않은 것도 주거용 부동산과 밭농사의 공통점이다. 이러한 물건에 투자하는 투자자들은 주로 위험을 회피하고자 하는 성향이 강하다.

물건을 구하는 데에도 시간과 노력이 많이 필요하지 않다. 아파트 같은 경우 20평형대나 30평형대, 빌라의 경우는 방이 두 개 혹은 세 개, 오피스텔의 경우는 원룸형 또는 복층형 등으로 규격화되어 있고, 유사한 물건이 비슷한 지역에 많이 분포해 있기 때문이다. 따라서 주변 물건의 거래 사례를 통해 매매가격을 산정하기 간편하고, 거래 또한 해당 지역의 아파트 단지 내 상가나 주변 공인중개사 사무소에서 쉽게 할 수 있다.

게다가 투자에 관한 정보나 이론을 습득하기도 쉽다. 주거용 부동산은 살아가는 데 있어 꼭 한 번 이상은 거래해야 하는 대상으로 수요층이 넓기 때문에 그에 대한 지식도 많이 공급되어 있다. 가까운 서점에 나가 부동산 투자 분야 매대만 둘러봐도 주거용 부동산인 아파트 투자에 관한 서적이 대부분이며, 실거래 정보나 매물 및 투자 검토를 위한 정보를 얻을 수 있는 앱(네이버 부동산, 부동산플래닛, 호갱노노, 아실 등)도 잘 발달되어 있어서 정보에 대한 접근이 용이하다.

내가 거래할 물건 주변의 공인중개사 한두 명만 알고 있으면 그들을 통해 매매거래 당사자부터 집을 실제 사용할 임차인, 소유권 이전 및 대출 관련 등기업무를 대신해 줄 법무사사무소, 대출 중개인, 집을 수리할 인테리어 업체까지 모두 소개받을 수 있다. 특히 임차인이 이미 해당 물건을 점유해서 사용하고 있는 경우라면 새로 임차인을 모집할 필요도 없다. 따라서 투자 초기에 공실 위험이 없고, 별도의 인테리어 공사 역시 필요 없는 경우가 많다.

임차인과 임대차계약이 월세를 받는 조건으로 계약되어 있다면 매입하는 즉시 수익 실현도 가능하다. 물론 공실 상태에서 매입했더라도 주거용 부동산은 월세 혹은 전세에 대한 수요가 활발하기 때문에 주변의 유사한 다른 집보다 깔끔한 상태로 수리해서 비슷한 시세에 내놓는다면 임차인을 찾는 데 오랜 시간이 들지 않을 것이다.

임대차 계약이 월세가 아니라 전세금으로만 체결되어 있다면 월세처럼 투자에 대한 수익을 즉시 받을 수는 없다. 전세는 임차인이 임대인에게 사용료를 지불하는 개념이 아니라 집주인이 집을 담보로 전세입자에게 돈을 빌리는 개념이기 때문이다. 따라서 전세가 수반된 투자는 내가 투자한 부동산의 가격이 반드시 올라야 이익의 실현이 가능하다. 즉 전세를 기반으로 하는 부동산 투자는 부동산 가격이 떨어졌을때는 수익을 얻는 것이 절대 불가능하고, 더불어 가격 하락과 전세금 반환 리스크에 대한 대비를 철저히 해놓아야 하는 투자라고 할 수 있다.

■ 부동산 정보 수집을 위한 주요 앱

앱	URL
네이버 부동산 • 전국 모든 부동산의 매물 정보, 실거래가 등 확인 가능	land.naver.com
부동산플래닛 • 전국 모든 부동산의 실거래가, 노후도, 유효도 등 분석 가능 • AI추정가, 부동산인사이드를 통한 높은 정보 활용도	bdsplanet.com
호갱노노 • 아파트, 오피스텔의 실거래가, 단지별 특징(세대 수, 입주 연차, 전세가율, 월세수익률, 주차공간 등)을 통한 분석에 용이	hogangnono.com
아실 • 아파트, 오피스텔의 실거래가를 기반으로 지역별 가격분석, 인구변화, 입주물량, 학군비교 등 다양한 분석에 활용 가능	asil.kr
직방, 다방 • 아파트, 빌라, 오피스텔 등 전세 및 월세 매물 검색에 용이	zigbang.com dabangapp.com

안정적인 대출 범위와 관리의 편의성

주거용 부동산은 매입할 때도 금융기관에서 실거래 가격에 따라 내가 구입한 부동산 가격을 넘지 않는 안정적인 선에서 대출을 해 준다. 예를 들어 LTV(Loan to Value ration, 주택담보대출비율)가 40% 수준이라는 것은 내가 보유하거나 매입하고자 하는 부동산 물건 가치의 40%에 해당하는 금액까지 돈을 빌려줄 수 있다는 뜻이다. 반대로 생각해 보자면 금융기관에서 해당 부동산의 가격이 60%까지 떨어지지 않을 것이라고 예상하기에 40%를 대출해 주는 셈이 된다. 무리하게 해당 부동산의 가치를 높여 대출을 실행하거나 LTV 비율을 높이면 금융기관들도 부동산 가격이 빌려준 원금보다 하락을 하게 되었을 때 원금을 회수하지 못할 가능성이 커진다. 대출을 실행할 때 LTV와 함께 DSR(Debt Service Ratio, 총부채원리금상환비율) 규제도 적용이 되는데, 이것은 돈을 빌린 사람의 연간 소득에서 모든 대출의 이자와 원금 상환이 차지하는 비율을 나타낸다.

이러한 다양한 규제를 확인했을 때 주거용 부동산 투자는 금융기관, 정부 규제 등을 통해 피동적으로나마 주변에서 일정 부분 리스크를 예방해 준다. 주거용 부동산은 사람이 살아가는 데 있어 반드시 필요한 요소이므로, 정부에서는 시장 상황에 따라 주거의 안정화를 위한 각종 대책과 규제를 발표하기도 한다. 안정적인 수요와 정보 수집의 용이성을 가진 주거용 부동산의 특징 때문에 부동산 투자자들은 주거용 부동산으로 투자를 시작하는 경우가 많다.

주거용 부동산 투자와 밭농사법을 잠시 비교해 보자. 밭에서 작물이 무럭무럭 자라는 시기에는 주기적으로 물을 주고, 잡초를 뽑고, 농약을 뿌려야 한다. 이러한 수준의 작업에는 논이나 과수원처럼 많은 인력이나 전문 농기계가 필요하지 않고, 기술적인 측면에서도 어려움이 덜하다. 마찬가지로 아파트, 신축 빌라, 오피스텔 등 주거용 부동산은 별도의 관리사무소 혹은 관리단이 구성되어 있어서, 투자자가 직접 관리할 일이 비교적 적다.

임차인이 직접 사용하는 전용 부분의 수리가 필요한 경우에도 중개사로부터 소개받은 주변의 인테리어 업체를 통해 해결하면 된다. 경미한 수리에는 대문 도어락, 수도, 보일러, 전등, 인터폰, 보일러 정도가 있고, 비용과 시간이 조금 더 소요되는 수리로는 천장 누수, 벽체 누수로 인한 새시 교체, 하수도 역류, 수도 동파 등이 있다. 누수나 역류의 경우는 윗집과 아랫집이 연관될 수 있으나 이러한 문제도 관리실이나 지역에 오래된 인테리어 업체를 통해서 원만하게 해결할 수 있다.

물론 오래된 빌라의 경우 관리를 대신해 주는 전문 업체가 없거나 노후로 인해 예기치 않게 수리가 필요한 경우도 왕왕 발생한다. 장마

철에 옥상 혹은 벽면의 누수, 하수도 역류가 대표적 예인데, 이러한 경우 옥상 전체 혹은 벽면 방수를 진행하거나 하수도 배관을 교체해야 하는 일도 생길 수 있다. 따라서 오래된 빌라에 투자할 때는 투자 전부터 이러한 비용을 예비비로 남겨두고, 이에 대한 대비를 하는 것이 바람직하다. 공사비용에 대한 대비와 마음의 준비가 전혀 되어 있지 않은 상태에서 느닷없이 민원과 사고가 발생하면 임차인과 크고 작은 마찰을 빚게 되고, 이로 인해 꾸준한 투자를 하지 못하게 될 수도 있다.

그럼에도 불구하고 주거용 부동산 투자에서 벌어질 수 있는 여러 문제들은 대부분 주변 업체와 크지 않은 비용으로 어느 정도 해결이 가능하기 때문에 관리적인 측면에서도 가장 쉬운 투자라고 할 수 있다.

밭농사 스타일 투자의 한계

매매거래를 위해 투자 물건의 입지를 고를 때도 세대 수가 많은 대단지일수록 리스크는 낮아진다. 이미 해당 브랜드의 건설사뿐만 아니라 토지를 매입한 시행사, 공사비 대출을 실행한 금융기관 등이 협업해 사업성 분석과 입지 분석을 마친 후 준공된 물건이기 때문이다. 그뿐만 아니라 많은 세대수로 '규모의 경제'가 가능하기 때문에 입주민을 위한 각종 편의시설을 설치, 운영하기 좋으며 이로 인해 입주하고자

하는 수요자도 안정적인 모습을 보인다.

따라서 사업 규모가 작고 세대 수가 적은 나홀로 아파트나 소규모 단지에 비해 대단지는 상대적으로 입지 분석의 실패나 가격 하락에 대한 리스크가 적을 수밖에 없다. 이는 매도하거나 매수하는 입장 모두에 적용되며, 브랜드가 있는 대단지 아파트의 인기가 높은 이유 가운데 하나이기도 하다. 이렇게 밭농사 스타일 투자는 접근이 쉬운 만큼 투자에 필요한 시간도 적고, 환금성도 높다. 다만 수익률이 낮고, 투자자의 노력으로 건물 자체의 가치를 올리는 일이 거의 불가능하다는 것을 알아두자.

주거용 부동산 투자 물건은 부동산 시장의 전체적인 흐름이나 주변 환경에 따라 가격이 오르내린다. 나 역시 주거용 부동산 물건을 많이 투자해 왔고 지금도 투자하고 있으며, 항상 해당 아파트의 임대 수익률과 내가 감당 가능한 대출 수준, 그리고 유지 관리와 정보 수집을 위한 방문 거리 등을 고려한다. 이러한 개인적인 투자 기준과 한정된 월급 때문에 서울 주요 입지의 대단지 아파트에 투자하는 것은 조금 어려웠고, 서울 외곽이나 경기도 지역의 아파트 혹은 빌라에 주로 투자했다.

그 결과 안정적인 수익을 창출하겠다는 주거용 부동산 투자의 목적과는 다르게 최근 몇 년 간은 시장의 상승에 따라 예상치 못한 높은 매매 차익이 발생했다. 물론 시장의 전반적인 상승으로 인해서 얻은 매매 차익은 나의 투자 실력이 남들보다 월등하거나 나만의 특별한 노하우에 의한 결과가 아니라는 것을 잘 안다.

좋은 게 좋은 거라고, 수익을 봤다면 어쨌든 기뻐할 일이긴 하나 이러한 결과는 시장 상황에 따라 큰 오차 범위를 나타내기도 한다. 지속적인 수익을 목표로 투자해 온 나는 기대 이상의 높은 수익을 꾸준함에 따른 '운'의 차원으로만 여길 뿐, 그 이상의 의미를 부여하진 않는다.

밭에 있는 가을 작물을 그때그때 수확해 팔지 않고, 더 풍성한 결실이 맺어지기를 기다리다 보면, 급작스럽게 겨울이 닥쳤을 때 농작물이 얼어버리면서 상품 가치가 사라지게 될 수도 있다. 마찬가지로 밭농사 스타일의 투자 물건도 시장 가격이 어느 정도 상승한 시기에 적당히 만족하고 팔지 않으면 갑작스럽게 닥친 '시장 침체'라는 겨울을 맞이할 수도 있다.

겨울에는 작물들이 자랄 수 없고, 날씨가 추워져 시장의 손님들도 눈에 띄게 줄고, 드물게 찾아 온 몇몇 손님도 꼭 그 작물을 먹어야 하는 어쩔 수 없는 상황이 아니라면 철 지난 수확물을 굳이 찾지 않을 것이다. 이는 곧 수요의 감소와 가격의 하락으로 이어진다. 결국 부동산 투

부동산 투자, 농사짓듯 하라

자도 농사와 마찬가지로 씨앗을 뿌릴 때부터 생각했던 목표에 도달하면 미련 없이 시장에 나가서 팔고 겨울을 대비해야 한다. 그래야 또 다음 해의 봄을 맞이할 때 씨앗을 뿌릴 수 있다.

2

논농사 스타일
수익률과 난이도가
함께 높아지는 상업용 투자

　할머니가 밭과 부엌을 오가는 시간에 할아버지는 해가 뜨자마자 아침밥을 드시고 논에 나가셨다. 논은 도보로 이삼십 분 거리에 있었고, 밭농사보다 더 많은 시간과 노력을 들여야 했다. 논은 밭에 비해 매우 넓었기에 할아버지는 근처에 사는 친척이나 이웃들과 함께 나가셨다. 그도 그럴 것이 이웃집마다 논농사에 필요한 다양한 농기계를 갖고 있어서 서로 도울수록 더 큰 시너지를 볼 수 있었다. 특히 자주 수확할 수 있는 밭농사와 달리 논농사는 농작물을 키우는 기간이 길고, 수확할 수 있는 시기 또한 한정적이었다.

상권과 매출 분석이 필요한
상업용 투자

　논농사를 부동산 투자에 빗댄다면 사무실이나 상가와 같은 상업용 부동산이 될 것이다. 주거용 부동산 투자는 어느 정도 규격화되어 있고 안정적인 수요층이 있어 약간의 노력만을 필요로 했지만 상업용 부동산 투자는 상권 분석과 임차인의 업종, 매출 분석 등의 능력이 추가로 요구된다.

　주거용 부동산은 거주가 목적이기 때문에 접근성이 떨어지거나 보수에 문제가 생겨도 약간의 불편함을 감수하며 살 수 있지만, 상업용 부동산은 해당 공간의 사용 목적이 영업 행위를 통한 이익에 있기에 접근성이 떨어진다거나 보수의 문제가 발생하면 상당히 큰 문제가 생긴다.

　물론 고정된 월세만 받는 건물주의 입장에서만 본다면 임차인의 이익률이 건물과 무슨 상관이 있는지 의문을 가질 수 있다. 그러나 상업용 부동산의 공간에서 임차인이 이익을 볼 수 없다면 그 임차인은 계약을 유지하기가 불가능할 것이며, 이로 인해 다음 임차인을 찾기도 어려워질 것이다. 이렇게 되면 상업용 부동산의 본래 목적인 이익 창출이 힘들어지면서 해당 부동산의 가치가 함께 낮아지게 된다. 따라서 논농사 스타일의 투자는 밭농사 스타일에 비해 검토해야 할 사항과 수반되는 업무가 늘어나고, 주거용과 달리 수요가 한정적이어서 정보를 얻기도 쉽지 않다.

이러한 까닭에 처음 접근하는 데엔 어려움이 따르지만 최근에는 소상공인마당의 상권정보시스템, 서울시 우리마을가게 상권분석서비스, 경기도 상권분석지원 서비스와 같은 인터넷 공공데이터를 활용하거나 '오픈업', '마이프차'와 같은 사이트를 활용해 임차인 업종에 따른

■ **매출 및 상권 분석을 위한 정보 수집처**

구 분	URL
소상공인마당 내 상권정보시스템 • 업소 현황, 매출 현황, 인구 현황, 주변상권 현황 등 분석 • 상권분석보고서, 입지업종분석 보고서 열람	sg.sbiz.or.kr
서울시 우리마을가게 상권분석서비스 • 지역별 상권별 현황, 행정구역별 정보 분석 가능 • 골목상권, 지하철 역(발달상권), 전통시장 등 세부상권 분석	golmok.seoul.go.kr
경기도 상권분석지원 서비스 • 상권정보시스템과 유사하지만 경기도 지역으로 한정 • 골목길별 유동인구 세부조회 가능	sbiz.gmr.or.kr
오픈업 • 상권정보시스템과 유사, 배달 수요에 대한 분석 가능	www.openub.com
마이프차 • 프랜차이즈 매장을 중심으로 매출 및 투자비 분석 가능	myfranchise.kr

매출과 상권 분석이 가능해졌다. 상업용 부동산 투자는 주거용 부동산 투자에 비해 많은 사람들이 쉽게 접근하기 어렵고, 투자 물건의 선정과 유지관리에도 더 많은 시간과 노력이 들어간다. 그러나 분명한 점은 노력과 품이 많이 들어갈수록 수익률이 높아질 가능성 또한 커진다는 것이다.

임대수익과 비용에 따라
가치가 결정되는 투자

상업용 부동산에 투자를 하기 전에는 필수적으로 임대수익률을 계산할 수 있어야 한다. 통상적으로 임대수익률은 부동산 매입가격에 보증금을 차감한 후 일 년간 발생할 임대료를 나눠서 계산한다. 예를 들어 부동산 매물의 가격이 1억 1,000만 원이고, 보증금이 1,000만 원, 월세가 30만 원이라고 가정해 보자. 그렇다면 12개월간 받는 월세는 360만 원이므로, 360만원 ÷ (1억 1,000만 원 – 1,000만 원) = 3.6%로 산정한다. 이러한 수치를 보고 투자자들은 해당 부동산의 수익률이 3.6%라고 생각하고 투자하는 경우가 많다. 심지어 해당 부동산을 구매할 때 매매가격의 50%까지 대출이 가능해 본인의 자금이 5,000만 원만 필요한 경우에는 360만원 ÷ (1억 1,000만 원 – 1,000만 원 – 5,000만 원) = 7.2%의 수익률로 계산하기도 한다. 하지만 실제 수익률을 계산해 보면 그렇게 나오지는 않는다.

■ 일반적인 임대수익률 산정식

임대수익률(%) = 월세 × 12개월 ÷ (매매가격 − 보증금)

먼저 매물의 가격인 1억 1,000만 원에는 매입을 위한 취등록세, 중개수수료, 법무사비용, 물건 검토를 위한 투입비용(건물 실사비용, 법률·재무·세무 검토비용, 감정평가비용 등)이 추가되어야 한다. 이렇게 매입에 따른 부수비용이 반영되면 매매가가 올라가면서 일차적으로 수익률이 떨어지게 된다.

두 번째는 월세로 받는 30만 원에 중요한 것들이 포함되어 있지 않다는 것이다. 먼저 임차인을 받기 위한 중개수수료, 공실인 경우 임대인이 납부해야 하는 관리비, 해당 공간을 유지하기 위한 시설수리비, 보유로 인한 세금 등 월세를 받기 위해 납부해야 하는 비용이 모두 제외되어야 한다. 이렇게 월세 수익에서 비용을 제외하면 이차적으로 수익률이 떨어지게 된다. 즉 수익률은 단순히 월세 수입만 고려할 것이 아니라 월세 수입에서 관리비용과 세금을 제한 금액을 감안해야 한다.

마지막으로 대출을 받은 경우 대출에 따른 이자비용도 감안해 계산해야 한다. 매매금액의 50%인 5,000만 원까지 대출받아 본인의 투자금액이 5,000만 원만 들어갔다고 할지라도 대출이자율이 다음에 소개되는 산식으로 계산된 실제 임대수익률보다 높은 경우, 오히려 대출을 받은 것이 수익률을 악화시킨다는 의미로 받아들여야 한다. 또한 대출금을 활용하기 위해서는 대출로 인해 매월 지불하는 이자뿐만 아니라 초기에 발생하는 대출 취급수수료, 중도 해지에 따른 상환수수료, 금리가 변동되는 경우 변동금리 기준도 상세하게 파악해서 적용해야 한다.

■ **구체적인 임대수익률 산정식**

> **임대수익률(%) = (월세수익 – 이자 및 관리비용과 제세공과금) × 12개월**
> **÷ (매매가격 + 매매 부수비용 + 대출 실행비용 – 임대보증금 – 대출금액)**

앞의 산식에서 용어만 전문적으로 바꿔 보면 아래와 같다. 자본환원율(Cap Rate: Capitalization Rate)이란 부동산을 운영해 벌어들이는 순영업이익(NOI: Net Operating Income)을 부동산의 가치(Value)로 나눈 수익률을 뜻한다. 여기서 순영업이익은 부동산 운영에 따른 총 수입(임대료 수입, 관리비 수입, 보증금 이자수입 등)에서 총 지출(수도광열비, 인건비, 시설수리비, 유지보수비, 제세공과금 등)을 제외한 금액을 뜻한다. 다만 전문 투자자의 순영업이익 계산 과정에서 이자비용, 대출금액은 계산에서 제외한다. 대출금액과 이자비용은 투자자의 재산 상황과 신용 그리고 시장 상황에 따라 달라지며, 해당 부동산의 운영에 따른 자체적인 이익과 비용도 아니기 때문에 수익률의 객관성 측면에서 변동이 생길 수 있기 때문이다. 이렇게 계산된 자본환원율은 이자율뿐만 아니라 시장 기대 수익률, 투자자의 기회비용에 따른 수익률 등과 비교되면서 해당 수익형 부동산의 투자를 결정하는 기준이 된다.

■ 전문 투자자의 자본환원율 산정식

자본환원율(Cap rate) = 순영업이익(NOI) ÷ 현재 가치(CPV)

투자 전에 구체적으로 산정하는 수익률은 전문 투자자의 영역에서는 기본적인 검토 사항이며, 일반 투자자에게는 다소 복잡하게 느껴질 수도 있다. 따라서 많은 일반 투자자들이 예상수익률을 높이고자 부동산을 보유하면 생기는 비용의 몇 가지를 제외시킨 '번지르르한 말'만 믿고 투자했다가 보유 과정에서 손실을 보기도 한다.

실제로 공실 없이 임차인이 모두 차 있는 상업용 건물을 안정적인 투자처라고 생각하고 매수한 지인이 있었다. 그러나 가파르게 오른 금리와 건물 노후에 따른 시설 보수비용, 엎친 데 덮친 격으로 임차인 가운데 몇몇이 계약을 해지하면서 순영업이익이 마이너스로 돌아섰다. 결국 건물주는 매달 발생하는 손실을 감당하지 못하고 매수한 금액보다 낮은 금액으로 매도할 수밖에 없었다. 이러한 리스크를 최소화하기 위해서는 매입 전부터 법률, 재무, 시설 등에 대해 상세히 검토하는 실사의 과정이 필요하다.

건물과 임차인 유지관리에 대한 경험을 쌓아야 시도 가능한 투자

오래된 건물의 상가나 사무실에 투자해서 임대료를 통한 수익을 창출하고자 하는 경우 인테리어 등으로 내부를 깔끔하게 바꾸지 않으면 임차인을 모집하기가 어려워지고, 그에 따라 건물이 비어 있는 공실 기간이 길어질 수 있다. 물론 공사하지 않는 대신 전세나 월세를 할인해 주면 그렇지 않은 경우보다 빨리 임차인이 구해질 수도 있다. 그러나 할인을 통한 임차인 모집은 보유하는 동안 해당 투자 물건에 대한 수익률 저하로 이어지고, 이는 매도 시에 가격 하락으로 반영된다.

임차인을 구하지 못하고 공실로 둬도 공실의 관리비용은 투자자가 부담해야 하므로 이중 손실이 발생한다. 거기다 대출까지 받았다면 이자를 감당하는 게 두 배, 세 배로 힘들어질 것이다.

결국 적절한 수준의 공사비를 들여 임차인 모집 기간을 최소화하는 것이 가장 효율적이다. 다만 임차인이 어떤 업종으로 어떻게 영업할지 모르기 때문에 아파트처럼 모든 부분을 인테리어하는 것이 아니라 바닥, 벽면, 천장, 유리만 깔끔한 상태로 만들어 두고 새로 들어올 업종에 맞게 추가 공사를 하는 것도 한 방법이다.

임차인을 모집한 이후에도 상가나 사무실은 집에 비해 사람들의 방문 빈도가 높고, 용도 또한 제각각이기에 유지보수와 관련된 다양한 이슈가 발생한다. 가장 많이 발생하는 유지보수 사례로는 기존에 설치된 냉난방기 혹은 보일러의 고장, 전등 교체, 누수와 역류다. 전기 시설인 냉난방기, 보일러, 전등에 대한 수리 요청의 건은 발생할 확률이 높지만 상대적으로 비용이 적게 들고 사용자의 부주의로 인한 고장이 많기 때문에 임차인이 직접 수리하도록 임대차계약서 조항에 기입하기도 한다.

문제는 노후된 건물의 누수와 역류다. 오래된 건물의 누수는 한 번 시작되면 배관 문제가 아닌 이상 그 원인을 찾기 힘들기 때문에 지속적으로 수리비용이 발생할 수 있다. 따라서 누수가 있는 건물은 매입 전부터 철저하게 검증해서 거르는 것이 상책이다. 역류는 오래된 배관이 기름때로 좁아진 상태에서 단단하게 굳어져 발생하기 때문에 섣부르게 뚫었다가는 배관이 파손되어 건물의 배관 전체를 교체해야 될 수도 있다. 전문관리단이 있는 건물의 상가나 사무실이면 이런 문제를 어느 정도 해결해 줄 수 있지만 소형 건물인 경우 임대인이 직접 해결해 주지 않으면 영업이 불가능하므로 본인이 투자한 상업용 부동산 주변에 즉시 수리할 수 있는 업체를 사전에 알아두고 임차인과 지속적으로 교류하는 것이 좋다.

'밭 팔아 논 사면 좋아도 논 팔아 밭 사면 안 된다'라는 속담이 있다. 살림을 늘려나가지는 못할망정 줄어들게 해서는 안 된다는 뜻이다. 부동산 투자도 마찬가지다. 주거용 부동산 투자는 이미 임차인이 입주해 있거나 별도의 공사 없이 손쉽게 임차인을 구할 수 있고 관리가 용이한 만큼 수익이 한정적이다. 그러나 상업용 부동산 투자는 주거용 부동산 투자보다 시간과 노력이 많이 들고 투자에 대한 리스크가 높지만 인테리어 공사, 상권에 적합한 신규 임차인 모집과 같은 투자자의 적극적인 노력으로 투자 물건의 가치를 상승시킬 수 있는 잠재력이 높은 투자 대상이다. 이러한 상업용 부동산 투자를 시도하기 위해서는 먼저 상대적으로 쉬운 주거용 부동산 투자에서 경험을 쌓은 다음 단계별로 조금씩 투자의 난도를 높여 나가야 한다.

3

과수원 농사 스타일
건물주의 꿈과 시련,
개발형 투자

조부모님이 사시던 시골에는 조금 특별한 농사를 하는 이웃이 있었다. 그분은 과수원에서 사과 농사를 하셨는데 거기서 높은 사다리와 수레를 타고 놀았던 기억이 난다.

과수원 농사는 밭이나 논과 달리 열매를 맺기까지 나무를 가꾸는 노력과 나무에 대한 학습, 그리고 수년의 시간이 필요하다. 특히 과일은 지역에 따라 기후와 토양의 영향을 더욱 크게 받는데, 예컨대 열매를 시장에 팔았을 때 수익률이 높거나 본인이 선호한다는 이유로 강원도 산골에 제주도 감귤나무를 심을 수는 없다.

또한 논과 밭에 비해서 과수원 농사를 하는 사람의 수는 상대적으로 적기 때문에 자신만의 전문적인 노하우가 성공에 큰 영향을 미친다. 이렇게 과수원 농사는 초반에는 매우 고생스럽지만 나무가 어느 정도 자라 열매를 맺는 안정화 시기에 접어들면 그 수익은 밭이나 논 농사보다 높으며, 매년 씨앗을 뿌리지 않아도 나무를 정성껏 돌봐 주기만 하면 매년 과일이 열린다.

시간과 경험이 필요한
개발형 투자

개발형 부동산 투자는 어느 부동산 투자보다도 많은 시간과 노력, 지식이 필요하다. 이미 지어져 있는 건물에 인테리어 공사만 한 후 임차인을 모집하는 방식과는 다르게 건축과 관련된 'A to Z'를 직접 해야 하기 때문이다. 예를 들어 개발을 위해 단독 주택을 매입한다면 그 목적은 주택에서 거주할 임차인을 모집하는 데 있지 않다. 높은 임대료를 낼 수 있는 임차인을 모집할 수 있도록 건물 전체를 리모델링 또는 증축 공사를 하거나, 아예 건물의 용도 자체를 사무실이나 상가로 변경해 가치를 높이는 데 목적을 둔 것이다. 리모델링 외에 더욱 적극적인 가치 상승 방법으로는 기존에 건물이 있는 토지를 매입해 오래된 건물을 철거한 다음 새로운 건물로 신축하거나, 처음부터 건물이 없는 토지를 매입한 후 개발행위 허가를 득해 신축을 하는 방식이 있다.

개발형 부동산 투자는 일반 투자자들의 진입이 어렵고, 초기 수익 발생이 불가능하며 상대적으로 큰 투자자금이 필요하다. 이는 과수원 농사뿐만 아니라 인삼과 같이 전문적인 지식과 오랜 노력이 필요한 특용작물 농사로도 비유할 수 있다.

앞서 언급한 바와 마찬가지로 투자의 난도가 높을수록 리스크와 투입 자본, 시간, 노력 등도 함께 높아지지만 반대로 가장 높은 수익률을 낼 수도 있다. 물론 수익률이 높다고 해서 부동산 투자 경험이 없는 평범한 회사원이 갑자기 생긴 목돈으로 토지와 건물 전체를 매입해서는 안 된다. 신축 건물이라 해도 건물 전체를 유지관리하고 임차인을 모집하기 위해서는 그에 따른 경험이 반드시 필요하다.

나아가 토지의 개발행위나 신축을 위한 투자에는 시간과 비용 그리고 경험과 지식적인 측면에서 전문성이 요구된다. 이는 전문적으로 부동산 개발을 하는 시행사 혹은 어느 정도 경험을 쌓은 투자자의 영역으로, 토지 매입과 인허가 그리고 공사 과정에서 발생할 수 있는 예측 불가능한 문제를 감당하고 해결할 수 있는 역량이 뒷받침되어야 한다. 따라서 자본력과 경험이 부족한 초보 투자자에게 쉽게 추천하기 어려운 투자 스타일이다.

어떻게 지을지 고민하지 말고
왜 다시 짓는지 고민하라

일반적인 투자자의 영역에서 과수원 스타일의 투자는 '변화하는 시장 상황에 맞는 임차인을 새로 모집할 수 있도록 용도변경과 리모델링 등으로 기존 건축물의 가치를 상승시키는 정도'까지가 적합한 수준이라 생각한다.

리모델링만 하더라도, 건축물의 뼈대만 남고 거의 다시 짓는 수준의 대규모 공사가 수반될 수 있다. 그러나 기존 건축물의 범위 내에서 리모델링 공사가 이뤄진다면 신축 공사보다 인허가 과정에서 발생할 수 있는 리스크가 줄어든다. 물론 리모델링 공사가 신축에 비해서 처리해야 할 업무가 적다고 하지만, 많은 비용을 들여서 멋지게 건물을 탈바꿈시켰더라도 그 건물을 실제 사용할 임차인에게 적합하지 않다면 안 한 것만 못한 결과를 낳을 수도 있다.

극단적인 예로 사람들이 찾아오기 힘든 산골 마을의 허름한 집을 내가 좋아하는 분위기라는 이유 하나만으로 수요분석을 하지 않고 상가로 임차하기 위해 근린생활시설로 용도변경한 후, 최근 유행하는 레스토랑 스타일을 본떠 리모델링을 해도 실제 임차인을 모집하는 것은 불가능에 가깝다.

따라서 개발형 부동산에 투자할 때는 건축에 대한 지식과 경험이 있는 전문가의 도움뿐만 아니라 개발 후 바뀌게 될 건물의 용도에 맞춘 운용 전략도 필요하다. 가령 투자 전 투자 대상의 주변 상권 분석 및 주거환경 분석을 통해 해당 물건을 상업용 부동산으로 건축할 것인지 주거용 부동산으로 건축할 것인지 검토가 반드시 필요하다는 것이다. 단순히 건축비를 많이 들여 건물을 예쁘게 짓는다고 해서 수익으로 이어지지는 않는다.

일도 어느 정도 알아야
믿고 맡길 수 있다

상업용 부동산 투자까지는 유지보수와 임대차에 관련된 사람들이 주로 투자자와 연관이 되었다면, 개발형 부동산 투자에서는 그 관계가 건축의 영역으로까지 확장된다. 예컨대 설계를 해 주는 건축사, 실제 공사를 하는 시공사, 이와 관련된 인허가를 승인해 주는 해당 지자체 공무원, 건물을 사용하게 될 임차인은 물론 건축행위를 하는 동안 끊임없이 민원을 넣게 될 주변 건물의 소유주와 임차인들까지 두루 관계를 쌓아야 한다.

물론 실력 있는 부동산 컨설팅 회사나 건축사 사무실에 비용을 납부하고 모든 업무를 위임한다면 조금 더 수월하게 일을 진행할 수도 있겠지만, 이러한 전문가와 사업을 함께한다고 하더라도 과거에 공동 목표를 가지고 같이 업무를 해 본 경험이 없다면 그 실력을 신뢰하기가 힘들다. 그래서 결국 전문가를 따로 두고도 투자자가 문제 해결을 위해서 직접 나서야 하는 경우가 종종 발생한다.

이러한 이유로 처음 건축을 하는 경우, 지인을 통해 건축사와 시공사를 소개받기도 하지만 이 역시 불안하기는 마찬가지다. 건축에 대한 지식과 경험이 전무한 상태라면 자신이 고용한 전문가들이 일을 제대로 하고 있는지 판단할 수 없기 때문이다.

일 잘하는 가사도우미를 소개받아 힘들게 모셔왔다고 하더라도 내가 우리집 살림이 어디 있고 지금 어떤 일이 시급하며 어떤 방식으로 일을 부탁해야 할지 모른다면 제아무리 실력 있는 가사도우미라도 제 능력을 100% 발휘하지는 못할 것이다. 그렇다면 가사도우미는 어쩔 수 없이 본인이 해 왔던 방식대로 일하려 할 것이고, 집은 내가 의도하지 않는 방향으로 정리될 수밖에 없다. 결국 실력 있는 전문가를 높은 비용을 들여 고용했음에도 마음에 들지 않을 것이며, 결정적으로 그의 실력을 의심할 수밖에 없는 상황이 펼쳐질 것이다.

최근 건물주에 대한 막연한 꿈을 갖고 투자 경험을 쌓지도 않은 채 처음부터 소형 건물을 매입해서 공사, 임차인 모집, 운영 및 관리까지 모든 절차를 전문가에게 위임하는 사례가 늘고 있다. 이 모든 것들을 전문가에게 위임해 리스크를 줄이고 시간도 절약해 더 높은 성과를 창출해낼 수만 있다면 그 또한 좋은 방법이겠지만, 단발성 투자에 그치는 것이 아니라 전문적인 투자자로 발전하고 싶다면 현장의 생생한 지식과 정보를 눈으로 직접 확인해야 한다.

농사를 지을 때 본인은 아무것도 하지 않고 과수원 땅을 고르는 것부터 그 땅에 나무를 심고, 그 나무를 관리하고, 과일을 수확하는 모든 과정을 타인에게 맡겨 버린다면, 난 내 과수원에서 어떤 과일이 얼마나 열리는지도 모른 채 그저 남이 주는 대로 받아갈 것이다. 심지어 제일 좋은 과일은 남이 현장에서 먼저 가져가고 그 뒤에 남은 것들만 내게 줘도, 그 사실을 알지 못한 채 내 나무에서 나온 과일이라며 좋아할 것이다. 결국 모든 행위를 위임하는 순간 사회적으로는 '건물주'라는 칭호는 받을 수 있겠지만 투자자 본인이 가져갈 수 있는 수익과 배움의 폭은 현저히 줄어들 것이다.

자금 계획은 보수적으로 세워라

개발형 부동산 투자는 최초에 투입되는 자금뿐만 아니라 대출 규모도 크다. 주거용 혹은 상업용 부동산의 경우 현재 존재하는 부동산의 거래가격이나 감정가를 기준으로 담보비율을 정해 그 범위 안에서 대출이 실행된다. 즉 부동산을 매입하기 위해서 계약금과 중도금 정도를 투자자의 돈으로 납부하면, 은행에서는 시중 금리와 투자자의 신용도에 맞게 대출의 한도를 선정해서 잔금에 대한 대출을 해 주는 것이다.

그러나 부동산 개발 과정에서는 상업용 부동산 투자보다 조금 더 복잡한 대출의 과정을 거치며, 대출이 가능한 한도와 금리 또한 금융기관에 따라 많은 차이를 보인다. 심지어 투자 물건의 지역에 따라 은행별로 대출이 나오지 않는 경우도 있으니 매매 계약 전부터 대출 가능 여부, 감정평가금액 산정, 이자율 및 대출 한도 등에 대해 직접 검토해 봐야 한다.

가령 토지와 건물이 있는 경우 토지와 건물 가치를 평가한 수준으로 담보대출이 실행되는 것은 상업용 부동산 투자와 다르지 않으나 30년 이상 지난 노후건축물을 리모델링할 계획이라면 금융기관에서는 현재 건물의 가치는 없다고 판단하고 토지의 감정가격만을 기준 삼아 대출을 실행할 것이다. 이렇게 되면 매매가를 기준으로 한 기대치보다 낮은 한도의 대출을 받을 수밖에 없다.

이후 공사비를 충당하고자 대출을 일으킬 수도 있는데, 이 과정에서는 법인을 설립한 다음 대출을 받아야 할 수도 있다. 또한 대출을 해주는 금융기관의 입장에서도 완전히 사용이 가능한 건물이 아니라 공사 중인 상태를 담보로 설정함으로써 미래의 불확실성을 안고 가는 것이기 때문에 이자율을 담보대출이나 신용대출보다 높게 설정하게 된다. 따라서 건물을 짓다가 마주치게 되는 다양한 문제인 인허가 지연, 설계 변경과 공사비 증액, 주변 민원으로 인한 준공 지연 등을 일일이 따져 보고 보수적인 자금 계획을 짜야 한다. 그래야 투자 과정에서 발생할 수 있는 여러 문제점들에 대해 조금이나마 방비할 수 있다.

과수원 농사형 투자에 낭만은 필요 없다

갓 심어진 나무에서 바로 열매가 열리지 않는 것과 같이 개발형 부동산 투자 또한 수익을 기대할 수 있을 만큼의 실력과 경험이 쌓여야 한다. 또한 건물을 짓는 행위는 단순히 나무를 심고 기르는 일에 그치는 것이 아니라, 그 건물에 적합한 임차인을 모집해 '임대수익'이라는 과일도 열리게 만드는 것이다. 나아가 투자자라면 그 과일에 브랜드를 입히고, 여러 사람들에게 홍보해 더욱 탐스럽게 만드는 임차인의 역할까지 함께 해야 한다. 물론 이 모든 과정은 시간이 필요하고 어려운 일이다. 그러나 한 번 나무를 잘 심어 놓으면 논이나 밭처럼 매년 씨앗을 심지 않아도 계속 열매가 열리는 기쁨을 누리게 될 것이다.

나무에 열린 탐스러운 열매만 보고 많은 투자자들이 과수원 농사에 뛰어들지만 이 투자법을 실행하기 위해서는 부동산 공부뿐 아니라 건축에 관련된 사항들을 챙겨 본 경험, 시장 트렌드의 조사 그리고 법인 운영 경험과 금융 지식도 필요하다.

충분히 준비하지 않고 조급하게 시작한다면 큰 자본을 들인다 할지라도 투자한 건물이 시장과 주변 환경에 맞지 않아 낭패를 볼 수 있다. 따라서 앞서 설명한 주거용, 상업용 부동산의 투자 경험과 지식, 관련된 사람들과의 관계를 충분히 쌓은 후 개발에 진입할 것을 권한다.

이러한 준비 없이 회사를 다니면서 막연히 건물주가 되고 싶다는 꿈만 갖고 무턱대고 시작하면 많은 어려움을 겪게 될 것이다. 좋아하는 과일나무를 이것저것 심고, 과일이 열리면 따고, 내가 먹거나 남으면 이웃들에게 나눠 준다는 낭만적인 생각으로 과수원 농사에 진입했다가는 물리적인 피해뿐 아니라 부득이하게 각종 민원이나 소송에 휘말릴 수도 있다. 그래서 개발형 부동산 투자를 하기 위해서는 돌발상황과 맞닥뜨릴 때마다 생기는 정신적인 고통을 어느 정도 감내할 수 있는 강한 멘탈이 필요하다.

5장

코끼리 살얼음 밟듯
검토하는 농부 투자자

1

모든 거래에는
목적이 있다

"소장님, 아무래도 집값이 더 떨어질 것 같아요. 제발 저희 집 먼저
팔아주세요."

무심코 방문한 아파트 단지 내 부동산 중개사무소에서 한 젊은 집
주인이 어린아이를 안고 거의 읍소하고 있는 풍경과 맞닥뜨렸다. 듣자
하니 집값이 더 오를 것 같아서 본인이 전세로 살던 집을 대출을 받아
구매했고, 그런데 뉴스에서 계속 집값이 내려가고 금리는 오르고 있다
고 하니 이제는 집을 팔아 대출을 갚고 다시 전세로 살겠다는 것이었
다. 그녀의 눈동자에는 자신의 판단에 대한 후회와 시장에 대한 실망,

그리고 전 집주인과 정부에 대한 분노가 한데 뭉쳐져 있었다.

그분은 그 집을 사기 전에도, 그 집을 사서 가지고 있는 지금도, 그리고 그 집을 팔고 다시 전세로 산다 해도, 같은 집에서 같은 인프라를 누리며 같은 형태의 삶을 살 것이다. 아무것도 바뀐 게 없고, 앞으로도 바뀔 게 없지만 상황만큼은 끊임없이 어려워질 것이다.

왜 비쌀 때 사서, 쌀 때 팔게 될까?

부동산을 거래할 때는 그 거래의 목적을 명확히 해야 한다. 시세가 오르면 팔 것이라는 막연한 계획만으로 투자를 한다면 평생 그 집을 팔지 못할 수도 있다. 가격이 오를 때면 더 오를까 봐, 반대로 가격이 내려갈 때면 금세 다시 오를까 봐 매도하지 못할 것이다.

부동산 거래라는 것이 임대든 매매든 누구나 살면서 한 번쯤은 경험하는 일이기 때문에 주변의 조언도 많이 듣게 된다. 그렇게 뉴스나 다른 사람들의 이야기를 계속 듣다 보면 오를 때는 한없이 오를 것 같고, 떨어질 때는 한없이 떨어질 것 같은 느낌이 든다. 부동산 가격이 상승하는 시기에는 친구 따라 강남 가는 식의 매수세가 많고, 반대로 가격이 하락하는 시기에는 공포를 이기지 못하는 매도세가 많은 까닭이다.

이처럼 객관적인 기준 없이 투자를 하다 보면 가격이 쌀 때 사고, 비쌀 때 팔아야 이익이 된다는 기본적인 투자 논리를 벗어나는 판단을 하게 된다. 단적인 예로 한 지인은 평소에 자신이 살던 주변의 아파트 가격이 5억 원일 때는 관심도 주지 않고 전세로 살다가 아파트 가격이 10억 원으로 뛰는 것을 보고 서둘러 매수하는 경우도 있었다. 투자의 측면에서 보면 5억 원일 때 매수해 그 집에서 살다가 10억 원 언저리에서 그 집을 매도하고 전세로 사는 것이 훨씬 이익으로 보이는데, 그는 반대로 행동하고 있었던 것이다. 본인이 거주할 집의 본래 목적인 주거의 안정성을 잊고, 가격 상승의 관점에서만 부동산을 바라본 대가는 참 쓰다.

투자는 '자신이 정한 기준'과의 싸움이다

시장의 시세와 주변 분위기에 끌려 다니는 투자를 하지 않기 위해서는 투자할 때부터 수익률의 기준을 스스로 정해야 한다. 예를 들어 목표로 하는 투자수익률을 세금을 반영하고 연 10% 정도로 정했다면, 그 수익률이 달성되면 욕심 부리지 말고 바로 매도하고, 다시 새로운 것을 찾아서 투자할 수 있어야 한다. 가격이 떨어지는 경우에도 마찬가지로 사전에 본인이 감당할 수 있는 손실 범위를 정해놓고 그 범위를 벗어나면 손해를 좀 보더라도 과감하게 매도하고 나올 수 있어야한다. 그래야 투자할 때 감정에 휩쓸리지 않고 이성적인 판단을 할 수 있다.

이러한 명확한 목표 없이 투자한 물건을 신줏단지 모시듯이 꼭 잡고 최대한 주변 시세를 쫓아가면서 '조금만 더, 조금만 더'를 외치며 아무리 버텨 봤자 하락장에서는 남들보다 빠르게, 훨씬 낮은 가격으로 물건을 내놓기 이전에는 매도가 이뤄지지 않는다. 인간의 욕심은 머리 위 하늘과 같아서 끝을 헤아릴 수 없을 정도로 높은 반면, 인간의 두려움은 발바닥 아래의 땅과 같아서 고개만 숙이면 가깝게 보인다. 다시 말해 상승장에서는 불패신화를 외치며 무한 긍정의 마음으로 투자하지만, 하락장에서는 마치 불에 데인 것처럼 황급히 매도하는 경우가 많다는 것이다.

이와 비슷한 예로 부동산 관련 세금이나 대출 등 각종 규제가 바뀔 것을 고려해 매매를 판단하는 경우도 있다. 세금으로 인한 비용을 줄이거나 대출을 이용해서 수익률을 높이고자 하는 노력의 일환이겠지만, 정부가 시장에 개입하는 '규제'라는 것은 정치적, 경제적 상황에 따라 수시로 변할 수 있다. 세금이 오르거나 규제가 생긴다는 것은 당시의 부동산 시장이 과열되어 가격상승이 이루어지고 있음을 의미할 수 있다. 반대로 시장이 침체되어 수익이 적어지고 거래가 줄어들면 정부는 시장 활성화를 위해 마땅히 세금도 줄여주고 규제를 풀어주기도 한다.

따라서 본인이 정한 수익률에 도달했으면 주변 상황에 동요하지 말고, 냉정하고도 객관적인 결단을 내려야 한다. 부동산 투자는 누가 얼마나 더 많이 벌었는지 경쟁하는 자리가 아니라 본인의 만족과 행복을 위한 것임을 알고 적은 수익에도 만족해하며 즐겁게 임해야 한다.

내 주위에는 부동산 투자를 시도해 볼 만한 충분한 여유가 있음에도 집을 사지 않는 분들이 있다. 심지어 어떤 분은 젊은 시절 신혼집부터 지금까지 집 없이 비싼 월세를 내면서 살고 있으며, 다른 사람들이 월세로 산다고 비아냥거려도 전혀 개의치 않는다. 그분은 집을 살 목돈을 부동산이 아닌 기업에 투자해서 집값이 상승하는 것보다 더 높은 수익률을 올리고 있다. 투자 이력을 살펴보면 부동산보다 기업에 투자한 경험이 훨씬 많고, 또 그만큼 기업 투자 쪽으로 실력을 확실히 다졌기에 목돈이 생길 때마다 투자해 높은 수익을 달성하고 있었던 것이다.

본인이 잘하는 수익이 높은 투자처를 찾아 투자하는 것, 이것이 투자의 당연한 논리다. 사람에 따라 그것은 주식이 될 수도 있고, 부동산이 될 수도 있으며, 더러는 자기 사업이 될 수도 있다. 그러나 일부 사람들은 자신이 그 지역에 살고 있기 때문에 그 지역의 부동산 전문가라고 착각하기도 하고, 직간접적으로 경험한 부동산 가격 상승이라는 시장의 흐름에 사로잡혀 그것만을 좇으며 본인의 투자 범위와 능력에 맞지 않는 투자를 하기도 한다. 거듭 강조하지만 본인의 현실적 상황에 맞는 부동산 투자 물건을 선정하고, 그에 적합한 수익률과 손실률을 정하고 투자해야 시장 흐름에 끌려다니지 않는 투자자가 될 수 있다.

내 집을 활용한 부동산 투자는 가능한가?

집의 용도는 단순히 먹고 자는 데 그치지 않는다. 집은 아이들이 다니는 학교와 학원, 자신과 배우자의 직장, 주변의 이웃이나 친구와 같은 수많은 환경과 연관되어 있다. 따라서 내 집을 활용한 투자가 반복되면서 환경이 자주 변한다면 가족들이 느끼는 삶의 질은 자연스레 떨어지게 된다.

나는 결혼 후 5년간 내가 사는 집을 이용해 투자를 했었는데, 아이가 둘이나 태어났던 이 기간에 이삿짐을 일곱 번이나 쌌다. 그동안 중간에 잔금일을 맞추지 못해서 컨테이너에 짐을 넣어놓는가 하면, 부모님 집에 몇 달씩 얹혀살기도 했다. 이사할 때마다 어린이집과 유치원역시 옮겨야 했기 때문에 자주 낯선 환경에 적응해야 했던 아이들은 물론이고 우리 가족 모두가 고생을 많이 했다.

한 번은 아내의 직장에서 차로 한 시간 반 정도 거리의 지역으로 이사를 한 적이 있다. 매일같이 장거리 운전을 하던 아내가 급기야 교통사고를 당했고, 다행히 많이 다치지는 않았지만 그때의 후유증으로 고생하는 아내를 보면 가슴이 찢어질 듯 아프다. 나 역시 부동산 투자를 무리하게 하면서 이 같은 실수를 했기에, 여러분은 나와 같은 실수를 하지 않기를 바라는 마음에서 지난 기억을 잠시 꺼내 왔다.

나보다 똑똑한 시장을 상대할 때는 과감하게 결단하라

집을 사거나 팔아야 하는 목적이 명확하다면 비슷한 물건의 시세보다 몇백만 원, 몇천만 원 더 이익을 보려 하지 말고 과감하게 행동해야 한다. 부동산 상승기에 반드시 투자 대상을 매수해야 하는 상황이라면 남들보다 조금 더 비싸게 주더라도 매수를 하고, 부동산 하락기에 꼭 매도해야 하는 상황이라면 남들보다 조금 덜 받고 매도하면 된다.

'결단을 내릴 수 있어야 목적을 달성할 수 있다'고 말은 하면서도, 실제 상황에서 이렇게 행동할 수 있는 사람은 극히 드물다. 하락장에서

'내 집은 특별하고 좋으니까 다른 집보다 가격을 더 받을 수 있다'라고 생각하거나 상승장에서 '난 능력이 있으니 남들보다 싸게 살 수 있을 거야'라고 생각한다면 이는 큰 오산이다. 나보다 훨씬 더 똑똑한 사람들이 모여서 만든 것이 시장이고, 그 시장 안에서 십중팔구는 나와 비슷한 생각을 하고 있다.

2

매수 전부터 매각을
염두에 두고 검토하라

써 본 후에야 알게 되지만
써 보기 전에 사야 하는 부동산

"여기는 진짜 살아 보니까 좋아. 산이 가까워서 등산 다니기도 좋고, 아침에 새소리에 깨면 얼마나 좋은데, 싱크대랑 조명도 얼마 전에 몇백만 원 들여서 최고급으로 바꿨어."

주인 할머니의 자랑은 끝이 없었다. 집을 보는 내내 나를 따라다니면서 해준 얘기의 결론은 '살아보니 그 어느 지역보다 만족도가 높다는 것'이었다. 그렇다면 이 집을 매수할 사람도 과연 그 주인 할머니처럼 진짜 살아 보고 좋으면 그때 매수해도 되는 걸까? 당연하게도 이는 불가능하다.

자동차도 시승 후 구매가 가능하고, 하다못해 마트에서 파는 냉동 만두도 시식 후 구매가 가능하다. 그러나 부동산은 실로 어마어마한 값을 지불해야 함에도 계약하지 않으면 단 하루도 경험해 볼 수 없다. 신축 아파트의 경우, 실물은커녕 몇 년 뒤에 완공될 모습을 최고급으로 꾸며낸 모델하우스만 보고 미리 구매를 결정해야 하는 선분양제도가 자리 잡고 있다.

코끼리 살얼음 밟듯
신중히 조사하고 검사하라

소유권을 넘겨받기 이전에 먼저 사용을 해 본 다음 매수를 결정하는 것이 불가능한 부동산 거래의 특징은 아파트나 빌라 같은 주거용 부동산에만 한정되지 않는다. 외관이 멋진 빌딩을 구매할 때에도 막상 잔금을 치르고 나면 그동안 보이지 않았던, 생각지도 못한 문제가 발생하곤 한다.

노후된 건물의 경우 냉난방기 같은 장치들의 효율이 떨어지기 때문에, 임대인이 임차인으로부터 받는 관리비보다 해당 건물을 관리하기 위해 지출하는 비용이 더 많이 발생하는 경우도 있다. 주변 시세에 맞춰 임대료와 관리비를 받아야 하기 때문에 무턱대고 관리비를 인상할 수도 없다. 또한 소유권이 바뀐 후 얼마 지나지 않아 누수로 인한 민원과 비용이 발생하는 경우도 있으며, 갑자기 옆 건물 주인이 찾아와 건물의 담이 본인 소유의 땅으로 넘어와 있다며 사용료를 요구한다거나, 임관리비 연체 등으로 인한 임차인과의 갈등은 매매 시 상당히 껄끄럽게 작용한다.

물론 앞으로 벌어질 수 있는 다양한 문제를 매도자와 매수자가 계약체결 전에 서로 인지하고 있었다면 매매가격 조정이나 수리 후 매각 등의 방법을 통해 사전에 어느 정도 합의를 보는 것이 가능하다. 그러나 사전에 논의된 내용 없이 부동산 매수 후 급작스레 앞에서 열거한 문제들이 불거진다면, 최악의 경우 소송까지 진행해야 하는 골치 아픈 상황으로까지 번지기도 한다. 나아가 이미 소유권 이전이 완료되었기 때문에 이전 소유자에게 이에 대한 보상을 요구하기에는 무리가 따르고, 이러한 문제에 대한 시비를 가리는 동안 건물에서 발생하고 있는 문제들은 악화되어 임차인의 불만과 이탈, 안전상의 불안 등 더 큰 문제로 비화될 수도 있다.

따라서 부동산의 소유권을 이전한 후에 발생될 수 있는 문제를 최소화하기 위해서는 부동산 계약 전부터 돌다리를 두들겨 보는 것처럼 실사의 단계를 거쳐야 한다. 이러한 점검은 주거용, 상업용 부동산 투자뿐만 아니라 모든 부동산 투자에 해당된다. 실사의 과정을 거치면 매수 과정과 매수 후 운영 시 급작스럽게 발생할 수 있는 문제를 미리 발견하고 이에 대한 심리적, 금전적 대비가 가능해진다.

3

이것만큼은 확인한다 ①
법적 리스크를
줄이는 법률검토

"젊은 양반, 이럴 땐 서로 믿고 거래하는 거지, 굳이 콕 집어서 계약
서에 써서 감정 상할 필요는 없었잖아요. 그렇게 꼬치꼬치 캐듯 물어
보시니까 매도자 분께서 기분 나빠서 안 판다고 하잖아요."

나는 평소에 검토했던 작은 건물에 대한 매수계약서를 쓰기 위해
중개사무소에 앉아 있었고, 오늘도 중개사무소 사장님에게 호되게 꾸
지람을 듣고 있었다. 해당 건물은 임차인이 점유해서 오래전부터 사용
하고 있었고, 매도자는 잔금 때쯤에 임차인을 내보내 주겠다고 말로는
거듭 약속을 했다. 임차인을 명도할 수 있는 상황인지 확인하기 위해

임차인과 체결한 임대차계약서를 보여줄 수 있는지, 혹은 임차인과 명도에 대해 합의된 서류를 제출해 주거나 그것마저도 어려우면 매매계약서에 특약으로 명도 불가 시 손해배상 조건을 달아 줄 수 있는지 물었고, 매도자는 다짜고짜 화부터 냈다.

"사람이 말을 했으면 믿어야지. 내가 못 믿을 사람으로 보여?"
"제가 사장님 말씀을 못 믿는 게 아니라 저도 어렵게 번 제 큰돈이 들어가는 일인데 혹시라도 잘못되면 안 되니까 확인이 필요해서요."
"뭐? 나랑 하면 잘못된다는 거야? 임대차계약서 그런 것 없어. 옛날부터 임차인하고 형 동생 하면서 지냈어. 내가 나가라면 나갈 거야."

매도자는 계속 엉뚱한 얘기를 하며 대답을 피했고, 나는 그 물건이 탐났지만 결국 매수하지 않았다.

제가 계약할 때 말씀 드렸잖아요

법률 검토는 해당 부동산에 거래에 관련된 계약 내용뿐만 아니라 기존의 권리 관계나 계약 내용이 적법하게 이루어졌는지를 확인하는 절차다. 거래에 필요한 매매계약서, 건축물대장, 토지대장, 등기부등본, 지적도, 토지이용계획확인서 등 해당 부동산의 면적, 현황과 같이 기본적인 사항을 확인할 수 있는 서류들 역시 계약 전에 필수로 점검해야 한다.

또한 내가 매수하고자 하는 건물에 임차인이 있다면 해당 임대차계약서 역시 계약 전에 미리 받아서 검토해야 한다. 물론 아파트나 빌라 같은 주거용 부동산, 혹은 일반적인 구분상가의 경우 정형화된 계약서와 절차가 있기 때문에 중개사무소에서 그 틀에 맞춰 서류를 제공하고 설명해 주지만, 건물 및 토지 매매 시에는 정형화되지 않은 계약서를 사용하는 경우도 많기 때문에 사전 확인은 필수다.

특히 앞의 사례처럼 계약 전에는 매매와 임대 조건만 간단히 안내하고 계약금의 일부를 받은 후 계약서를 쓸 때가 되어서야 불리하거나 확실하지 않은 세부 사항을 안내해 주는 경우도 있다. 심지어는 계약 당일에 매도자와 매수자를 테이블에 앉혀 놓고 각종 서류를 보여주거나 계약에 관련된 세부 사항을 협의하는 경우도 있다. 이렇게 계약 당사자끼리 얼굴을 맞대고 앉아 있으면 조심스럽고 불편하기 때문에 제대로 서류를 검토하기 어렵고, 묻고 따지는 등의 껄끄러운 말을 꺼내기 어려워진다.

대충 이런 그림이 나온다. 매수자가 어떠한 문제를 제기하면 중개인은 그 부분은 전혀 문제없다고 받아치고, 매도인도 어쩔 수 없이 싸게 파는데 뭘 그렇게 따지냐고 괜히 언성을 높인다. 그때, 옆에 있던 다른 사람들이 슬쩍 끼어들어 거기 좋은 자리라고 부추긴다. 분위기가 이렇게 형성되니 매수자는 다시 이 자리까지 오기도 힘들고, 많은 사람들이 괜찮다고 하니 큰 의심 없이 계약서어 도장을(제대로 읽어보지도 않고) 찍는다.

이렇게 분위기에 휩쓸려 애매한 계약을 하게 되면 모든 책임은 투자자 본인에게 넘어온다. 오랫동안 음식점이 있었던 상가를 월세 받을 목적으로 매수한다고 가정해 보자. 이럴 때 임차인이 묵시적 갱신을 통해 아무리 오랜 기간 임차를 해왔다고 할지라도, 임차인 입장에서는 중도에 해지통보를 하면 언제든 계약을 종료할 수 있다. 득히 상사의 경우는 매매나 임대차계약뿐만 아니라 권리금 계약에 매우 민감하므로 계약 시 이에 대한 이력을 확인하는 것은 매매 당사자에게 상당히 중요한 절차다. 만약 법적인 검토 없이 덜컥 계약부터 한 후 이의를 제기한다면 아마 나중에 (매도인 혹은 중개인에게) 다음과 같은 이야기를 듣게 될 것이다.

"제가 계약할 때 그렇게 말씀드렸는데 모르셨어요?"

주거용·상업용 부동산 계약 시
이것만큼은 반드시 체크하라

　부동산을 계약할 때는 토지와 건물의 소유주가 다르거나 실제 소유주가 아닌 사람이나 가족이 대신 나와서 계약서 도장을 찍는다거나 소유주가 지분으로 나뉘어져 있는데 모든 소유자가 동의하지 않는 등 거래의 완결성을 저해하는 다양한 변수들이 존재한다. 이러한 변수를 무시한 채 진행하는 계약은 이후에 법률적인 다툼이 일어날 여지를 남겨두는 것과 같다.

　따라서 공인중개사, 법무사, 변호사 등의 순으로 법률적인 자문을 받는 것이 바람직하다. 법률적으로 문제가 된다 싶으면 아무리 사소한 부분일지라도 전문가에게 문의해서 해결하는 것이 좋다. 다음의 체크리스트를 살펴보자.

■ **법률실사 체크리스트**

분류	확인 사항
매도인의 일반사항	① 신분증: 본인 일치 여부 ② 주민등록표 초본: 주소지 일치 여부 ③ 위임확인서 및 통화: 위임자의 계약내용 확인 필요 ④ 인감도장, 법인인감증명서: 일치 여부, 본인발급 여부 ⑤ 매도인이 법인인 경우 추가 확인 서류 　•법인등기부등본, 사업자등록증: 법인의 적정성 확인 　•매각관련 이사회 및 주주총회 의사록: 매각의 적정성 확인

부동산 관련사항	① 부동산의 등기부등본: 소유권 및 대출현황 확인 ② 토지대장, 건축물대장: 면적, 용도, 불법건축물 등 확인 ③ 담보권에 관련된 서류: 저당권, 담보신탁, 지상권, 가등기, 　가압류, 가처분 등 관련 계약서, 합의서 등 확인 ④ 감정평가서: 기존에 감정평가서가 있는 경우 ⑤ 부동산 보유, 관리, 유지, 이용 관련하여 위법사실 확인
인허가 및 환경	① 인허가 관련 서류: 건축, 소유, 관리, 유지, 운용과 관련된 　인허가 및 면허, 사용승인, 용도변경 등 관련 자료 ② 등록 또는 신고가 필요한 사항에 대한 등록증, 신고필증 ③ 정기 점검자료: 건축물점검, 소방점검, 승강기점검 등
계약	① 임대차계약서: 임차인의 일반사항, 임대 조건 (임대면적, 보증금, 임대료, 　관리비), 계약기간, 납부내역, 주차 대수, 갱신 여부, 보증금 채권보전 여부, 　전대차 여부 등 ② 관리규정: 건물관리규정, 주차관리규정 등 확인 ③ 관리계약서: 자산관리계약서, 시설관리계약서, 용역계약서 등 ④ 공사계약서: 신축, 증축, 개축, 대수선, 보수공사 등 해당 부동산과 관련된 　계약서 및 자료 일체 (하자보수이행보증보험 포함)
소송	① 현재 진행 중 혹은 예상되는 법적 분쟁 현황: 소송, 중재, 조정, 화해 등 ② 현재 진행 중 혹은 예상되는 청구, 민원, 정부기관의 신고 등 분쟁 사항
보험	① 보험가입 현황: 보험계약서, 가입여부, 보험료 납입현황 　• 재산종합보험, 가스사고배상책임보험 등 ② 사고 및 보험금 청구 현황 ③ 보험에 대한 담보 설정 여부
조세	① 매도인의 세금완납증명서: 국세 및 지방세 ② 매도인의 조세, 부담금, 공과금 등 체납 여부 확인 ③ 매매계약 해당연도 제세공과금 납부 주체: 제세공과금 부과 기준일 확인
환경	① 환경 및 위생 관련 시설의 적법성 확인: 정화조, 저수조, 소독, 공기질 등 ② 환경 및 위생 관련 사고발생 사실 ③ 친환경 건축물 인증 여부

* 본 법률실사 체크리스트는 건물 전체 거래 시에 적용되는 사항으로 구분 건물 매매 시에는 약식으로 적용될 수 있음
* 개발이 필요한 부동산에 투자하는 경우 위의 사항과 함께 건축 및 인허가에 대한 전문적인 추가 검토 필요

개발형 부동산 계약 시
이것만큼은 반드시 체크하라

일반적으로 자주 접할 수 있는 아파트, 빌라와 같은 주거용 부동산이나 상가와 같은 상업용 부동산의 범위를 넘어 토지와 그 위의 건물까지 전체적으로 매수하는 거래를 하게 된다면 계약에 대한 검토와 더불어 건축 및 인허가와 관련된 법률적 검토도 필요하다. 따라서 건축사의 의견뿐만 아니라 해당 관청의 공무원에게도 적극적으로 문의해야 추후에 발생할 수 있는 문제를 최소화할 수 있다. 시장에 규격화되어 건축이 완료된 아파트나 상가와 같은 집합건물을 매수할 때에는 거래의 계약사항과 권리관계에 대한 서류적인 법률 검토 외에 큰 영향을 미치는 변수는 거의 없다. 그러나 토지를 포함한 건물이나 신축을 목적으로 하는 부지를 구매할 때는 지자체의 상황에 따라 규정이 다른 경우가 많기 때문에 전문가의 검토가 꼭 필요하다.

가령 호재가 많은 지역의 토지라고 소개를 받고 구매했는데 확인해보니 건축이 불가능해서 활용 가치가 떨어지는 맹지이거나, 건축이 가능하다고 안내를 받은 토지였는데 실제 건축을 하려고 보니 땅을 높이거나 반대로 깎아내야 해서 땅값보다 높은 개발행위 비용이 들기도 한다.

이뿐만이 아니라 도로가 접해 있어 건축에 문제가 없을 거라고 생각했는데 알고 보니 토지에 접한 도로가 개인의 소유여서 소유주가 토지 사용승낙서를 발급해 주지 않거나 토지 사용에 대한 비용을 요구하는 경우, 해당 토지에 수도와 전기가 연결되어 있지 않아 이를 해결하기 위해 추가 비용이 드는 경우, 오수관이 연결되지 않아서 정화조 공사가 필요한 경우, 해당 지자체의 규제 때문에 예상했던 용적률만큼 건물을 지을 수 없는 경우, 실제 면적이 계약한 면적보다 작거나 옆 부지의 건물이 내 땅으로 넘어와 있는 경계 침범의 문제가 있는 경우 등 토지 거래에는 다양한 문제가 빈번히 발생한다.

건축과 관련된 분야는 실제 이와 관련된 업무를 해 보지 않는 이상 경험을 쌓기가 어렵고, 책과 강의를 통해 배운 것만으로 현장의 모든 상황에 대응할 수는 없을 것이다. 따라서 사전에 이에 대해서 스스로 공부하는 것과 더불어 전문가를 통한 사전 검토를 적극 권한다. 검토를 받을 때는 해당 시군구청 앞에 있는 지역의 건축사를 찾아가 해당 부동산을 왜 구매하는지, 구매 후 어떻게 개발하고 싶은지 명확히 밝히고 비용을 지불한 다음, 같이 현장을 방문하고 가설계 도면을 그려 보는 등 꼼꼼하게 진행하는 것이 좋다.

만약 검토 과정에서 건축사가 중대한 문제를 찾아내 해당 부동산을 매수하지 못하게 될 수도 있는데 이때 드는 검토 비용을 아깝다고 생각해서는 안 된다. 건축사마저 해결이 불가능한 문제를 안고 있는 부동산을 매입하는 경우, 아무리 내가 능력이 뛰어나다고 할지라도 그 문제를 해결하는 데에는 많은 시간과 비용이 소요될 것이며, 최악의 경우 해결이 불가능하게 되어서 매도까지 어려워질 수 있다. 따라서 법률 검토를 통해 사전에 문제를 발견했다면 오히려 다행으로 여겨야 할 것이다.

나는 토지나 건물을 매매계약하고 나서 발생할 수 있는 여러 문제를 사전에 파악하기 위해 자주 찾는 지역의 건축사 사무소와 검토계약을 맺고, 건별로 비용을 납부하면서 물건을 검토한다. 그래도 부족하다고 느끼면 직접 관할구청에 방문해 물어보거나 다른 건축사를 통한 이중 검토도 마다하지 않는다. 문제가 발생했을 때 그것을 해결할 수 있는 건축사가 있는 반면 그렇지 못한 건축사도 있기 때문이다. 무엇보다 지자체마다 적용되는 규제가 다르고, 건축사마다 장단점이 있기에 여럿에게 교차 검토를 받으면 그만큼 다양한 문제를 집어낼 수 있다.

4

이것만큼은 확인한다 ②
시설에 대한 리스크를
줄이는 물리실사

"사장님, 혹시 00동 빌라 B02호 소유주세요? 여기 옆집인데요. 사장님 집에서 하수도가 막혀서 저희 집에서 역류가 되거든요. 전 주인은 분기마다 한 번씩 뚫어 주셨는데 안 뚫어 주시니까 이렇게 되잖아요."

모르는 번호로 오는 전화는 받기가 불안하다. 특히 폭우가 내리거나 기온이 급강하하는 날이면 이러한 전화가 많이 오는데 누수, 역류, 수도 동파, 보일러 고장 등 그 현상도 다양하다. 이러한 상황을 계약 전에 미리 인지하지 못했다면, 보유 기간 중 예상하지 못한 비용의 지출이 늘어나면서 결국 투자 부동산의 수익률 저하로 이어진다.

빌라나 아파트 같은 경우는 그나마 시설 보수비용이 경미하다. 그러나 대형 건물의 경우 공조 시설, 냉온수기 교체에 몇억 원이 들어가기도 하기에 매수 전 점검은 필수다. 이렇듯 부동산에 투자하기 전에 설비 및 시설 상태와 기능을 확인해서 보수 계획을 예측하고 최적의 운용방안을 도출하는 과정을 물리실사 혹은 자산실사라고 한다.

쉽게 말해 물리실사는 건물을 사용하는 데 이상이 없는지 시설과 상태를 확인하는 일이다. 몸속에 있는 장기의 건강상태를 확인하듯이, 해당 부동산과 연관되어 있는 다양한 시설의 상태를 면밀하게 파악하는 것이다.

사소한 것까지 체크해야 하는
주거용 · 상업용 부동산 물리실사

아파트의 경우 내부에 있는 보일러가 잘 작동되는지, 언제 설치되었으며 콘덴싱 제품인지, 싱크대 상태는 어떠한지, 물은 잘 나오고 누수는 없는지, 화장실의 상태는 어떠한지, 스위치는 잘 작동하고 조명은 이상 없는지, 일상생활을 하면서 느낄 수 있는 부분이 물리실사에 해당된다. 노후된 빌라는 옥상이나 벽면 같은 공용 공간의 크랙, 천장의 누수 흔적을 확인하거나, 급배수 펌프가 있는 경우에는 펌프가 잘 작동하고 하수관 문제는 없는지 살핀다. 이러한 부분은 평소에는 드러나지 않지만 장마철이나 추운 겨울에 문제가 나타나는 경우가 많기 때문에 매매 전 최대한 자세하게 거주자와 인터뷰를 하면서 확인하는 것이 좋다. 이렇게 물리적인 실사를 통해서 매수 후 진행해야 할 인테리어 공사 및 보수의 범위와 예산, 공사 기간 등을 산출하면 된다.

상가의 경우 단순히 임차하는 공간을 사용할 때의 문제점을 짚어내는 것뿐만 아니라 임차인이 영업을 할 때 발생할 수 있는 시설에 대한 요소를 추가로 확인해야 한다. 임차인이 사용할 전기 용량이 건물 전체의 전기 허용량 내에서 충분히 확보되어 있는지, 가스배관은 어디에 있고 사용량이 어떻게 되는지, 일반 관리비는 어떻게 계산되어 왔고 그 관리 범위는 어디까지인지, 예를 들어 화장실이 공용 공간에 있다면 청소는 누가 해야 하며 내부에서 발생한 쓰레기는 어디까지 치워야 하는지, 간판은 어디에 어떠한 크기와 형태로 부착이 가능한지, 주차는 몇 대까지 이용 가능하며 고객 방문 주차는 몇 시간까지 무료 주차가 가능한지 등을 자세하게 체크해야 상가를 매수한 이후에 임차인을 영입하거나 유지하는 데 발생하는 문제를 사전에 예방할 수 있다.

아파트나 집합건물의 상가처럼 소유권이 여러 사람으로 나뉘어져 있는 구분소유 건물은 관리단이 존재하고 그 건물에 대한 관리 규정이 있기 때문에 체계적인 안내가 가능하다. 그렇게 건물 관리의 경험이 있는 관리단의 도움을 받아 문제가 발생하는 경우 일차적으로 관리실에서 조치를 대신 해 주기도 하며, 문제가 관리단의 관리 범위를 벗어나는 경우에는 해결이 가능한 전문 업체를 소개해 주기도 한다. 그리고 노후된 빌라나 단독주택 혹은 상가주택처럼 소형 건물인 경우 관리단과 규정이 없더라도 매수계약 전 매도자와의 인터뷰를 진행했거나, 주변에 오래된 인테리어 혹은 설비공사 업체를 미리 섭외해 놓았다면 문제가 발생하더라도 비용만 지불한다면 큰 무리 없이 해결할 수 있을 것이다.

이러한 보수들은 일반적인 설비 업체에서도 어느 정도 해결이 가능하다. 금액에 대한 판단이 어려운 경우 해당 지역에서 영업 중인 두세 곳의 설비 및 보수공사업체를 통해 견적을 비교해 보면 금액의 적정성을 판단할 수 있다. 여러 업체를 상대하는 게 물론 번거롭지만 이러한 과정을 통해 공사가 필요한 부분, 공사 세부 내용, 비용, 기간 등에 대한 정보 습득이 가능하다면 이를 생략해야 할 이유가 없다.

토지와 건물이 포함된 일반건물을 거래할 때는 전문가를 찾아라

토지와 건물이 포함된 건물 전체를 매수하는 경우 단순히 눈으로 확인하거나 지역 공사업체를 통해 실사를 진행하기에는 한계가 있다. 따라서 전문적인 물리실사, 자산실사 업체를 통해 실사를 진행하기를 추천한다. 전문적인 실사 과정은 다음과 같은 내용으로 진행된다.

첫째는 건물의 구조, 구조물 상태, 안전 기준을 확인하는 구조 분야를 확인한다. 둘째로는 마감 상태와 주차장 및 조경 면적, 불법 구조물 등을 확인하는 건축 분야를 조사하고, 셋째로는 냉온수기, 보일러, 공기를 순환시켜 주는 공조시설, 탱크·펌프 및 급수시설, 정화조, 자동제어기기, 가스설비 등을 확인하는 기계 분야를 점검한다. 넷째로 빌딩 내부에 전기를 공급하는 수변전설비, 정전 시 비상전기를 사용하게 해주는 비상발전기, 엘리베이터와 에스컬레이터, 통신시설 및 CCTV 설비 등을 확인하는 전기 분야를 조사하고, 다섯째에서는 화재 감지기와 같은 소방 시스템, 피난로 및 방화 구역 관리, 소방법 및 화재 안전 기준, 소방 시설의 정밀 점검 등의 적합성을 확인하는 소방/방재 분야를 확인한다. 이러한 다섯가지의 주요 실사 과정을 토대로 산출된 건물의 주요 하자를 해결하기 위해 필요한 현재의 비용을 산출하고, 미래의 비용을 추가로 산출하기 위해 관련 시설의 수명이 몇 년 정도 남았는지를 확인하는 내용연수 조사를 한다.

앞서 언급한 바와 같이 대형 건물의 시설은 복잡하고 생소한 만큼 전문 실사업체의 도움을 받아야 하지만 이는 초대형 과수원 농사 스타일의 부동산 전문투자 영역에 해당하므로, 일반 투자자들이 마주하는 경우는 거의 없을 것이다. 그럼에도 이러한 사례를 굳이 언급한 이유는 부동산 투자 시장에서 일반적인 개인 투자자보다 안정적인 수익을 얻는 전문 투자자일수록 투자를 진행하기 전 더욱 꼼꼼하게 검토한다는 사실을 일러주기 위함이다.

■ 물리실사 체크리스트

분류	확인 사항
건축/구조	① 준공일: 건물의 노후도 확인 ② 바닥, 벽체, 천장 등 마감 상태 ③ 주차장 및 조경면적: 실 주차 사용 가능 대수, 기계식 주차기 사용 조건 ④ 불법 구조물 여부: 위법 사항 확인 ⑤ 건축물 도면: 인테리어 및 리모델링 공사 시 필요 ⑥ 안전기준 및 구조물 상태 양호 여부: 안전점검 결과 확인
기계/설비	① 열원설비(냉온수기, 보일러 등) 및 환기설비(공조기, 냉난방기, 실외기, 환기 팬 등): 정상 작동/점검 여부 및 설치일 • 중앙공급의 경우 가동시간, 추가 개별 설치 가능 여부, 설치 위치 등 확인 ② 위생설비(세면기, 변기, 큐비클 등): 정상 작동 여부(수압, 물내림 등) 확인 • 전체 건물 거래 시 정화조 설치/점검 여부, 용량 등 확인 ③ 탱크설비(저수조, 급탕탱크 등): 정상 작동/점검 여부 및 설치일 ④ 펌프설비: 정상 작동/점검 여부 및 설치일 ⑤ 기타 설비(온도자동제어, 가스설비 등): 정상 작동/점검 여부(화력) 확인
전기	① 엘리베이터: 총 대수, 사용 대수, 동선, 작동/점검 여부 및 설치일 확인 ② 전기설비: 정상 작동/점검 여부 및 설치일 • 계약전력 및 집합건물의 경우 호수별 실제 사용 가능 전력량 확인 ③ 조명 및 간판: 조명의 종류, 간판 위치 및 배선 확인 ④ 비상발전기, CCTV, 정보통신 관련 사항 및 설비별 법적 검사 결과 등

소방	① 방화구획 및 피난로 상태: 업종별 설치 기준, 피난 동선 확인
	② 소방시스템, 안전 관련 장비 및 관리 상태 확인
	③ 소방법 및 화재 안전 기준, 소방시설 점검 결과 확인
기타	① 장기수선충당금 존재 여부 확인
	② 측량을 통한 면적 일치 여부, 옆 대지와의 경계 침범 가능성 확인
	③ 주요 설비별 수명(내용연수), 교체 시기 확인

부동산 투자, 농사짓듯 하라

5

이것만큼은 확인한다 ③
투자손익 리스크를 줄이는
재무실사

재무실사는 회계실사라고도 하며, 내가 부동산을 매수하고 보유할 때 해당 부동산 투자로 인해 미래의 현금흐름이 어떻게 발생하는지 확인함으로써 투자에 따른 손익 여부를 판단하는 절차다. 이는 뒤에서 설명할 감정평가의 수익 방식과 유사한 형태를 가지며, 앞서 설명한 상업용 부동산에서 수익을 계산하는 절차를 조금 더 구체적이고 세부적으로 검토한다고 보면 된다. 수익률 계산을 현재 건물의 매입가격, 임대차 상황을 기준으로 한 수입과 비용을 근거로 했다면 재무 실사 과정에서는 대출을 활용한다고 가정하고, 미래의 운영 과정과 매각가격까지 예상해 향후 투자 기간에 예상 매매수익률이 몇 퍼센트 달성될 것이고, 보유 기간 중 운영을 통해 얻는 수익률은 몇 퍼센트가 될지를 구체적으로 산정한다. 따라서 대형 건물에 투자할 때는 회계법인을 통한 재무실사 과정을 거쳐야 리스크를 최소화할 수 있다.

투자로 예측되는 모든 사항들을 숫자로 환산할 것

재무실사는 해당 부동산에 투자했을 때 본인이 투자한 자본금 대비 얼마만큼의 수익률을 달성하는지 계산하는 것으로 그 과정은 다음과 같다.

첫째, 부동산의 매입가액과 부대비용(중개수수료, 취등록세 등)을 합쳐서 총 취득가액을 산정한다. 그 취득가액은 본인이 투자할 자본금과 대출을 활용해 마련한 차입금의 합으로 구성된다.

둘째, 임대차 계약에 따라 임차인이 납부하는 임대수익 그리고 관리수익 등 건물을 운영하면서 발생하는 수익을 추정한다. 현재 임대차 계약이 유효한 상황이라면 해당 계약서를 반영하고, 공실인 경우 향후에 예상되는 임대료 수준을 반영하기도 한다. 또한 관리수익은 아파트의 경우 실제 사용된 비용을 산정해 투명하게 청구되지만, 건물의 경우 고정된 관리비를 임대인이 먼저 수령한 다음, 실제 발생하는 비용을 임대인이 납부하는 경우도 있다. 따라서 관리비 역시 임대료와 마찬가지로 매월 수익으로 반영한 이후에 실제 납부가 예상되는 건물 운영비용을 차감해야 한다.

셋째, 건물 운영 시 발생할 관리비를 세부적으로 산정한다. 그 비용에는 임차인이 건물을 사용하면서 주기적으로 발생하는 수도료, 전기료뿐만 아니라 미화비용, 시설과 보안 유지를 위한 용역비, 주차장 관리비, 일반적인 소모품비, 각종 시설 점검비용 등이 포함되며, 그외에 건물 관리 전체를 위탁해 주는 업체가 있다면 위탁관리비용, 시설 보수에 대한 수선유지비, 매년 발생하는 재산세와 종합부동산세 및 도로점용료 등과 같은 제세공과금, 세금 신고를 위한 세무수수료, 건물 보험료, 그리고 공실이 있다면 임차인 모집을 위한 마케팅비용 및 중개수수료 등 보유 기간 중 발생이 예상되는 비용을 모두 반영한다. 이 세 번째 단계까지는 4장에서 설명한 자본환원율(Cap Rate)을 구하는 과정과 유사하다.

마지막으로 앞에서 소개한 세 번째 단계까지 계산한 수익에서 비용을 차감한 후 차입을 통해 매월 발생하는 이자비용을 차감하면 매월 실제로 투자자가 받는 이익을 계산할 수 있다. 이렇게 매월 계산된 이익금을 연으로 환산한 뒤 투자한 자본금으로 나누면 연간 자기자본이

245

익률(ROE, Return On Equity)을 산출할 수 있게 된다. 여기에는 자본환원율을 구하는 과정에서 추가로 차입금과 이자비용이 반영되기 때문에 구체적인 현금의 흐름을 통한 손익을 산정할 수 있다.

나아가 전문투자자는 미래의 돈의 가치를 현재로 환산해 더욱 구체적인 수익률을 계산한다. 즉 모든 상황들을 숫자로 표현해서 수익을 예측하고 부동산 투자를 진행하는 것이다. 그러나 일반적인 투자자는 전문투자자에 비해 실력이 부족함에도 불구하고 이러한 구체적인 계산과 기준이 없이 주먹구구식으로 투자하기 때문에 손실을 볼 확률이 큰 것이다.

개인 투자자도 혼자 힘으로
가능한 약식 재무실사

아파트나 빌라, 소형 상가의 경우는 월 임대수익 변동이 거의 없고, 관리단에 정기적으로 고정된 관리비를 지불하며, 유지에 필요한 세금이나 대출이자 등도 쉽게 예상할 수 있기 때문에 투자자 스스로 계산이 가능하다. 앞서 설명한 매우 복잡해 보이는 재무실사 과정을 약식으로도 할 수 있는 것이다.

투자자의 목표를 설정하고 투자 여부를 판단하기 위해서는 기본적으로 현재 매수가격, 임대수익, 관리비용(유지보수비, 세금, 이자비용 등)을 토대로 운영수익률을 계산한 후 어느 정도의 가격으로 매도했을 때 매매 수익률이 어느 정도 되는지 직접 가늠할 줄 알아야 한다. 추가적으로 매수 후 보유 기간 중에 이자율, 임대료와 관리비, 세금 등이 변동될 때 운영 수익에 얼마만큼의 영향을 미치는지 검토하는 민감도 분석을 실시한다면 보다 더 안정적인 운영을 할 수 있을 것이다.

일반적인 투자자의 입장에서는 '부동산계산기.com' 앱이나 인터넷 사이트의 임대·투자 카테고리 내 '임대수익률 계산'을 이용해 이와 같은 약식 재무실사를 할 수 있다. 해당 앱은 임대수익률뿐만 아니라 취득에 따르는 비용, 보유에 따른 세금, 대출 이자 등 부동산 투자에 필요한 요소들과 이를 산출하는 과정을 보여주기 때문에 초보 투자자도 다양한 방면으로 검토와 활용이 가능하다.

물론 향후에 부동산 투자 규모가 점차 커지면서 임차인이 여러 명인 건물을 보유하게 되었거나 투자한 부동산의 개수가 많아지는 경우, 해당 앱만으로는 임대차계약 조건의 변경과 금융환경 및 세금에 대한 법률과 규정이 바뀌는 것을 모두 검토하기가 어려울 수 있다. 그때는 재무실사 비용을 납부하고 회계·세무사에 의뢰해 예상되는 현금흐름과 세액을 파악하는 것이 필요하다.

6

이것만큼은 확인한다 ④
가치판단 리스크를 줄이는
감정평가

　부동산 가격은 시장과 주변 환경에 따라 시시각각 바뀐다. 따라서 아파트나 빌라 같은 경우 유사한 지역 내 유사한 물건의 가격을 토대로 매매가와 임대가가 결정되는 경우가 많다. 그러나 유사한 물건이 없는 상가나 건물 혹은 토지와 같은 경우 비교 대상이 제한되기 때문에 현재 본인이 매매하려는 가격이 현재 상황에서 적정한 수준인지 판단하는 데 어려움이 있다. 이러한 문제점을 해결하기 위한 것이 감정평가다.

　감정평가는 해당 부동산의 가격을 산정하는 것으로 객관적이고 합리적인 방법으로 산출된다. 따라서 감정평가를 통해 적정 가격을 산출하는 과정은 주변 유사 물건의 시세를 파악하는 시장조사의 업그레이드 개념이라고 볼 수 있다.

물론 소형 아파트 한 채에 투자하는 경우에는 이미 시세가 형성되어 있고, 근처 중개사무소에서 비슷한 물건의 가격을 알아내기 쉽기 때문에 감정평가의 중요성이 그리 크지 않다. 그러나 소액으로 부동산을 투자하는 단계에서부터 감정평가서를 읽어보고, 그 방식으로 가치를 책정해 보는 연습을 해 둔다면 나중에 더 큰 투자의 기회가 왔을 때 보다 합리적으로 판단할 수 있을 것이다.

시장에 휘둘리는 당신이 감정평가서를
반드시 읽어야 하는 이유

거래 사례가 드문 건물이나 토지와 같은 부동산에 투자하는 경우 가격 비교가 어렵다. 따라서 감정평가를 통해 매매가격을 산정하는 방식을 익혀 놓지 않는다면 매수자가 제시하는 가격에 휘둘리게 된다. 부동산 시세라는 것은 가격이 상승하는 시장에서는 매도자가 부르는 게 값이고, 하락장에는 매수자가 부르는 게 값이기 때문이다. 결국 투자자가 합리적이고 객관적인 기준가격을 설정하지 않고, 시장이 부르는 값에 따라 매매 거래를 한다면 주체적인 투자가 불가능하고, 남들이 부르는 대로 혹은 중개사가 좋다는 대로 쉽게 판단할 수밖에 없다.

감정평가라는 단어 자체가 어렵게 느껴지고, 높은 가격의 대형 건물이나 토지 거래에만 쓰일 것 같지만 그렇지 않다. 아파트나 소형 빌라도 감정평가가 가능하며, 실제로 이러한 감정평가서도 확인할 수 있다. 가장 손쉽게 볼 수 있는 방법으로는 '네이버 경매'(land.naver.com/auction)에서 유사 지역에 유사한 물건을 확인하고, 관련 자료에서 감정평가서를 선택해서 보거나 '대한민국법원 법원경매정보'(www.courtauction.go.kr) 내 '경매물건', '물건상세검색' 카테고리를 통해 감정평가서를 확인할 수도 있다. 감정평가서 대부분은 그 틀과 형식이 유사하다. 따라서 감정평가서의 가격 평가 형식을 토대로 본인이 투자할 부동산 물건의 가격을 산정해 볼 수 있다.

가격의 적정성을 판단하는 세 가지 평가 방식과 활용법

감정평가서에서 해당 부동산의 적정한 가격을 산출하는 단계는 다음과 같다. 먼저 부동산의 주소지, 토지와 건물의 면적 등 건축물대장, 토지대장, 등기부등본 등 서류로 확인할 수 있는 현황을 정리한다. 여기서 입지와 토지의 현황(위치 및 교통상황, 주변 환경, 토지의 형태와 이용 상태, 인접한 도로, 지하철역과 버스 정류장으로부터의 거리, 도시계획 및 공법관계 확인 등)과 건물의 현황(구조, 이용 상황, 부대설비, 주차시설, 임대차계약 상황, 건물에 종속되어 있는 시설 등)을 확인한다. 이러한 과정은 앞서 설명한 물리실사, 법률실사의 과정에서도 일부 동일하게 적용된다. 이후 감정평가서는 다음의 세 가지 방식을 통해 적정 가격을 산출한다.

첫 번째는 원가 방식이다. 가치를 판단해야 하는 건물을 현재 상태와 비슷하게 다시 건축을 한다면 얼마가 필요한지 산정하는 방식이다. 건물은 시간이 지날수록 노후되기 때문에 신규 건설에 필요한 비용에서 시간이 흐름에 따라 가치가 하락한 정도의 감가금액을 차감한다. 이러한 원가 방식은 해당 부동산을 만들기까지 소요되는 비용적인 측면에서 가치를 계산한다는 점에서는 객관성을 가지지만, 생산이 불가능한 토지에는 직접 적용이 어렵고 현재의 시장가격을 반영하지 못한다는 단점을 가진다.

두 번째는 비교 방식이다. 유사한 주변 물건의 거래 사례와 비교해서 가격을 산정하는 방식으로, 원가 방식의 한계를 보완해 주며 가격 산출 방식 가운데 가장 보편적으로 쓰인다. 현재 형성되어 있는 시장가격을 근거로 하기 때문에 시장 상황을 잘 반영하며, 상대적으로 설득력이 높다. 예를 들어 가치의 계산이 필요한 아파트 주변에 같은 평형의 아파트들이 1억 원에 거래가 되었다면 해당 부동산도 1억 원의 가치로 예상하는 것이다. 그러나 매매가 빈번하지 않아서 거래 사례를 수집하기 어렵거나 유사한 부동산을 찾기 불가능한 경우 적용이 어렵다는 단점이 있다.

세 번째는 수익 방식이다. 이는 해당 부동산으로부터 발생하거나 발생이 기대되는 수익을 산출해서 가격을 산정하는 방식으로, 앞서 설명한 재무실사 과정과 유사하다. 즉 수익을 많이 창출하는 부동산일수록 가치가 크고 그렇지 않은 부동산일수록 가치가 적다는 논리적 근거를 갖는다. 따라서 동일한 건물이라도 임대차계약 조건에 따라 어떤 건물은 받을 수 있는 임대료가 낮고, 다른 어떤 건물은 임대료가 높다면 임대료가 높은 부동산의 가격이 높은 것으로 평가될 수 있다. 이는 향후의 임대 상황과 금융시장 상황에 민감하게 반응하며 그에 따라 가치가 자주 변경될 수 있다는 단점을 갖는다.

감정평가는 적정한 가치를 산정하기 위해서 앞서 소개한 세 가지 방식을 토대로 각각의 가치를 계산한다. 그다음 각 방식에 따라 해당 부동산의 가치를 가장 잘 반영하는 방식에 가중치를 둬 최종 평가액을 제시한다. 감정평가를 통해 산출된 가격을 기준으로 법률실사와 물리실사를 통해 발견된 문제 해결 비용을 차감해 반영한다면 투자하려는 부동산의 객관적인 가격을 판단할 수 있다.

초보 투자자에게는 이러한 감정평가의 과정이 어렵게 느껴질 수도 있으나 투자 실력이 향상되어 일반적인 주거용, 상업용 부동산 투자를 벗어나 건물, 토지로까지 부동산 투자 영역이 확장되었을 때를 생각한다면 감정평가의 개념 정립은 필수다.

최근에는 부동산 프롭테크의 발전으로 실제 감정평가를 받지 않고도 대략적인 예상 가격을 즉시 확인할 수도 있다. '부동산플래닛' 앱의 '추정가' 서비스를 이용하면 토지와 건물별로 추정된 적정 가격을 확인할 수 있다. 물론 추정가 서비스는 정식 감정평가서와 동일한 효력은 없기 때문에 대출이나 매매거래에서 직접 활용은 불가능하다. 그러나 초기에 신속하게 투자 검토가 필요한 상황에서는 유용하게 쓰일 수 있다.

7

리스크는 줄이고
실력은 늘리는 실사

　부동산은 미리 사용해 보고 투자를 결정하는 것이 불가능하다. 따라서 앞서 설명한 것과 같이 법률적으로 계약이 적절한지, 시설이나 관리에 문제가 없는지, 본인이 감당할 수 있는 수익률인지, 올바른 가치 평가를 통해 적정한 가격에 투자를 하는 것인지 철저히 검토하고 투자를 진행해야 한다. 이러한 실사와 검토의 과정을 생략하고 급하게 투자를 하는 경우 어느 한 부분에서 문제가 발생한다면 전체적인 투자의 틀이 흔들릴 수 있다.

　예를 들어 임대차계약상 임차인이 중도해지가 가능하게 되어 있는 것을 법률실사를 통해 발견하지 못하고 낮은 매매가격과 높은 수익률만 확인한 채 매수했다가 임차인이 계약을 해지해서 손실이 발생하는 경우도 있다. 또한 자산실사를 통해 건물의 중대한 하자를 발견하지 못하고 매수했다가 이 하자로 인해 임차인도 떠나고, 막대한 보수비용을 떠안게 되는 경우도 있다. 이렇듯 부동산 투자 전 실사에서 점검하는 모든 요소들이 당장은 사소하게 보일지라도, 그 작은 문제가 점차 확산되면 전체적인 자금 흐름의 문제로 번질 수 있음을 명심해야 한다.

실사비용은 부동산의 규모에 따라 다르기 때문에 적게는 몇십만 원부터 많게는 몇천만 원까지 소요되기도 한다. 또한 실사하는 과정에서 시간이 많이 소요되어 다른 사람이 먼저 계약을 해 버리는 경우도 발생하며, 실사 과정에서 중대한 문제점이 발견되어서 투자를 포기하게 될 수도 있다. 그러나 버스를 놓쳐도 다음 버스가 또 오듯이 지속적으로 부동산 투자 시장에 대한 관심을 놓지 않는다면 좋은 부동산 투자 물건은 계속 나올 것이다.

따라서 본인의 판단하에 어렵게 구한 물건이라도 문제점이 발견되고, 그 문제가 현재 본인이 가진 자금이나 능력으로 해결이 불가능한 것으로 판단된다면 기꺼이 투자를 포기할 줄도 알아야 한다. 농사를 시작하기 전에 해당 땅의 문제를 알았다면, 굳이 작물을 심을 필요가 없다는 것이다.

실사의 과정은 이처럼 중요하다. 많은 투자자들이 비용과 시간이 들이면서까지 이 과정을 거치는 까닭이다. 처음에는 어렵게 느껴질 수 있지만 잘 습득하고 노하우를 축적해 나간다면 추후 매도자와의 가격 협상 시 매우 합리적인 도구로 사용할 수 있을 것이다.

6장

싸게 사서
비싸게 파는 비법

1

부가가치를
창출하는 핀셋 투자법

　강남의 유명 오마카세 식당은 초밥 한 점에 만 원이 넘는다. 그런 음식을 먹을 때는 '아, 나도 성공했구나!' 하는 착각마저 든다.

　오마카세 식당의 주방장은 손님 한 분 한 분을 만족시키기 위해 다른 주방장 밑에서 오랫동안 일을 배우며 연구하고 또 연구했을 것이다. 이후 본인의 식당을 차리면서 가게의 권리금, 보증금, 인테리어 비용 등 적잖은 자본을 투입했을 것이며, 오늘 찾아올 손님께 최고의 음식을 대접하기 위해 새벽마다 수산시장을 들를 것이다.

한 점에 만 원이 넘는 초밥의 부가가치는 오랫동안 쌓아온 주방장의 노력과 경험, 성실함이 낳은 합당한 결과일 것이다.

투자자는 손님이 아니라 주방장이 되어야 한다

부동산 투자자는 스스로를 주방장이라고 생각해야 한다. 그리고 끊임없는 경험과 노력을 통해 자신이 선택한 부동산을 사용할 고객을 만족시킬 수 있는 방법을 연구하고 그에 맞춘 투자를 해야 한다. 그러나 많은 부동산 투자자들은 본인을 주방장이 아닌 손님으로 착각한다.

부동산 투자를 통해 남들보다 높은 수익을 얻고 싶다면 부동산의 최종 소비자가 아니라 공급자의 시선으로 부동산을 바라봐야 한다. 그 자체로 광고처럼 느껴지는 화려하고 고급스러운 신축 건물의 인테리어, 안정적인 임차인, 전문적인 관리단 등 모든 조건이 잘 갖춰져 있어 아무런 노력을 기울이지 않아도 수익이 또박또박 들어올 것 같은 부동산 물건에 투자한다면, 부동산 투자자가 아니라 해당 부동산의 최종 수요자가 될 뿐이다. 즉 이미 완성형에 가까운 부동산 물건을 선택할수록 투자자의 노력에 의해 창출되는 부가가치로부터 점점 멀어지게 되고, 더 높은 수익을 목표로 매도할 수 있는 폭 또한 점점 좁아진다.

진정한 부동산 투자자로 발돋움하기 위해서는 시장에서 직접 사 온 생선으로 요리를 만들어낼 수 있는 전문적인 주방장이 되어야 한다. 한 마리에 만 원짜리 생선을, 한 점에 만 원짜리 생선으로 가치를 올릴 수 있어야 한다는 것이다.

굳이 주방장이 아니어도 된다. 어부가 되어도 좋고, 수산물 유통업자가 되어도 좋다. 중요한 것은 부가가치의 창출이다. 고객이 무엇을 필요로 하는가에 대한 끊임없는 고민과 연구야말로 진정한 주방장, 진정한 투자자가 지녀야 할 덕목인 것이다.

발로 뛰는 투자자

부동산 투자자에게 가장 안정적인 수요층은 좋은 집을 주변 시세보다 저렴하게 사서 살고 싶은 실거주자, 즉 생계형 고객이다. 이들은 기존의 주거지에서 크게 벗어나지 않고 한 동네에 오래 거주했기 때문에 가격에 민감하고, 집에 대한 만족과 시세를 저울질하는 이른바 가성비를 중요시 여기는 경향이 있다. 따라서 실거주자를 위한 투자는 인프라가 형성된 대단지를 중심으로 시세 대비 저렴하게 구매하는 것에서부터 시작된다.

부동산을 시세 대비 저렴하게 구매할 수 있는 대표적인 방법으로는 경매나 공매가 있다. 그러나 경매의 특성상 내가 원하는 지역의 물건이 투자 시기에 맞춰 나오지 않을 수 있고, 입찰자들끼리 경쟁하기 때문에 급매와 대비해 큰 차이 없이 낙찰되는 경우도 있다. 특히 직장 생활을 하면서 임장을 다니거나 지속적으로 입찰에 참여하는 것은 쉽지 않은 일이다. 따라서 나는 내가 투자하고자 하는 지역의 중개사 분들과 지속적으로 교류하면서 급매가 나오는 경우 인터넷에 홍보하기 전에 먼저 연락을 받고 매수하는 방법으로 투자를 한다.

급매로 나오는 물건은 말 그대로 빨리 팔려야 해서 낮은 가격에 내놓은 물건도 있지만 문제가 있어 저렴하게 파는 경우도 있다. 예를 들어 해당 부동산의 대출이자나 세금이 문제로 경매가 진행될 것으로 예상이 되어 급히 해결이 필요한 물건, 이혼 혹은 상속으로 인해 소유권 분할이 필요한 물건, 임차인과의 갈등 때문에 소송을 염두에 둔 물건 등 주변 시세 대비 저렴한 물건에는 다양한 이유가 있다.

따라서 매입 과정에서 다른 사람들이 꺼리는 문제를 피하지 않고 직접 해결할 수 있어야 시세 대비 저렴하게 구매할 수 있고 이것이 부가가치로 이어지게 된다. 나는 이러한 문제를 해결하기 위해 임차인과 매도자 사이에서 상황을 조율해 주기도 하고, 법무사의 도움을 받아 법적인 문제를 해결해 주기도 한다.

인테리어 공사로 부가가치를 창출하는 방법 역시 비슷한 퀄리티라면 초기 비용을 얼마만큼 절감하느냐가 관건이다. 나는 공사비를 줄이기 위해 토탈인테리어 업체에 공사의 모든 과정을 위임하지 않고, 가능한 한 여러 업체를 불러 직접 진행하려고 한다. 도배와 장판은 시장 지물포에서, 싱크대는 싱크공장에서, 새시와 화장실은 해당 공사만 전문으로 하는 업체를 불러 별도로 진행하는 것이다. 그 외에 전기 공사, 수도꼭지와 도어락 같은 소모품 교체, 페인트 칠 등 간단한 공사는 직접 진행한다.

나도 처음부터 이 모든 걸 직접 하지는 않았다. 공사업체 관계자들에게 어깨너머로 배우거나, 인터넷에서 정보를 얻어 하나하나 실행했던 것이다. 물론 투자 경험이 많지 않고, 공사하는 방법을 모른다면 돈이 들더라도 인테리어 공사업체를 통해 진행하는 편이 나을 수도 있다. 어설프게 나섰다가는 돈과 시간만 낭비할 수도 있기 때문이다. 여기서 중요한 건 업체를 통하더라도 그 과정에서 공사비를 납부하고 손을 터는 것이 아니라 업자에게 경험과 노하우를 전수받는다는 마음으로 직접 공사에 참여해 봐야 한다는 것이다. 그래야 공사에 대한 전반적인 흐름을 알 수 있고, 추후에는 직접 공사를 하지 않더라도 공사비견적의 적정성을 판단할 수 있는 기준이 생기기 때문이다.

공사하는 과정에서 임차인이 원하는 인테리어가 있다면 임차인의 취향에 맞춰 주는 것도 중요하다. 가령 도배지나 장판, 욕조, 샤워부스 등의 선호도를 임차인에게 먼저 물어보기도 해야 한다는 것이다. 투자자가 아닌 사람들은 인테리어 작업 자체를 어려운 일로 생각하기도 하고, 집에 이미 들어 온 상태에서 인테리어를 하려면 다시 집을 비워야 한다는 부담도 느끼기 때문이다.

따라서 다른 집에 비해 상대적으로 깔끔하며, 임차인이 원하는 방식의 인테리어가 되어 있는 집이 있다면 다른 부동산 물건에 비해 비교우위를 점할 수 있다.

좋은 임차인 고르기

부동산을 통해 안정적인 월세를 받는 것이 목적인 수요층도 존재한다. 퇴직금을 부동산에 투자해 여기에서 발생하는 월세를 은퇴 후 노후 생활자금으로 활용하고자 하는 것이다. 이와 같은 수요자가 주로 투자하는 물건으로는 전세 계약이 많은 아파트보다는 월세 계약 건수가 많고 임대수익률이 높은 오피스텔, 상가, 지식산업센터 등을 꼽을 수 있다.

또한 이들은 부동산을 직접 관리하기 위한 지식과 경험이 부족하기 때문에 전문관리단이 대신 관리해 주는 부동산에 주로 투자한다. 여기서 중요한 건 다름 아닌 임차인이 임대인에게 지불할 임대료의 안정성이다. 예를 들면 비슷한 매매가격, 임대 조건, 동일한 규모의 물건일 때 개인 카페보다는 대형 프렌차이즈 카페가 임차하는 데 있어 비교우위를 갖는다는 것이다. 대기업의 신용도가 개인에 비해 높은 건 어쩌면 당연한 일일지도 모른다.

물론 이 과정에서 기업이 직영으로 운영하는 것을 확인하지 않고 브랜드만 보고 매매계약을 하거나 신규 임차인을 모집하는 것은 바람직하지 않다. 스타벅스처럼 대기업이 직영으로 계약과 운영을 하는 브랜드가 있는 반면, 익숙한 브랜드일지라도 계약과 운영에 대한 부분을 가맹의 형태로 브랜드 사용료를 낸 개인에게 일임하는 업체도 많기 때문이다.

안정적인 임차인을 모집하는 작업은 곧 '월세를 밀리지 않을 임차인을 선정하는 과정'이다. 이를 예측하기 위해서는 해당 임차인의 매출 구조와 그에 따른 소득 수준을 사전에 파악해야 한다. 또한 월세가 밀리는 상황에 대비해서 상가의 경우 보증금을 1년 치 임대료보다 훨씬 높은 수준으로 책정하기도 한다.

임차인의 안정성을 사전에 확인할 수 있는 방법은 또 있다. 주거용

267

부동산인 아파트나 오피스텔 같은 경우는 명함을 건네거나 대화를 나누면서 임차인의 직업을 확인하고, 상업용 부동산인 상가, 사무실의 경우는 과거 매출 이력이나 해당 상가에 입점 시 예상 매출을 물어보기도 한다. 이렇게 간단한 인터뷰 과정을 불쾌해하거나 대답하기를 꺼려 하는 임차인은 안정성이 떨어지고 계약 이후에 임대료 미납의 문제가 발생할 확률이 높다.

그러나 많은 임대인들은 임차인의 능력과 상황을 고려하지 않고, 본인이 투자한 부동산이 공실로 있는 기간이 아까워 급하게 계약을 하기도 한다. 그렇게 성급히 계약을 한다면 당장 몇 달의 공실 비용은 아낄 수 있겠지만 추후에 발생할 수 있는 임대료 미납과 이에 따른 명도 절차 비용, 무엇보다 막대한 스트레스를 가져다줄 수 있기에 세심한 주의가 필요하다.

상업용 부동산의 임차인을 찾을 때는 주변 중개사무소에 모집을 맡기는 데 그치지 말고, 임대인이 적극적으로 나서야 한다. 가령 식당, 카페, 소매점 등 대기업이 운영하거나 최근 시장 트렌드를 선도하는 브랜드의 리테일 시설을 모시기 위해 입점 제안서를 만들어 해당 회사에 직접 제안하는 식으로 말이다. 사무실 임차인을 모집하는 경우에도 총무팀이나 임대차계약 담당자를 찾아 입점 제안을 하거나 이전 의향을 묻고, 그 현황을 기록해 놓아야 한다. 해당 지역 주변의 공인중개사무소뿐만 아니라 상가 혹은 사무실을 전문으로 중개하는 회사들을 찾아 협업하는 것도 하나의 방법이다.

내 물건, 누가 살까?

물건을 매각하는 과정에서 적극적인 홍보를 통해 부가가치를 창출하는 방법도 있다. 해당 물건에 대한 시설적인 측면에서의 홍보뿐만 아니라 주변의 개발계획, 특장점을 부각시켜 다른 물건에 비해 높은 가격으로 매도하는 전략이다.

나는 내가 투자한 부동산의 장점을 알리기 위해 해당 물건에 대한 매도가 결정되면 인근 중개사무소에 비치할 홍보지를 직접 제작한다. 홍보지에는 부동산 물건에 대한 기본 정보(동, 호수, 평형, 구조 등)와 인테리어 공사가 끝난 직후의 사진을 넣는다. 추가적으로 중개사 분들이 손님이 오셨을 때 바로 브리핑하기 좋도록 해당 지역의 교통 및 개발호재, 학군 정보 등을 홍보지에 정리해 놓는다. 이 홍보지는 중개사 분들을 통해 예비 매수자들에게 직접 전달되기도 하는데, 그럼으로써 그들에게 해당 부동산이 조금 더 전문적으로 잘 관리된 곳이라는 인상도 심어줄 수도 있다.

부동산 물건을 선택할 때는 이 물건으로 나중에 수익을 볼 수 있을 것인가에 대해 먼저 고민해야 한다. 매도에 대한 고민 없이 매수에만 초점을 맞춰 부동산 투자를 한다면 매도 시 수익을 얻기는커녕 매수한 가격보다 더 낮은 가격으로 매도하게 될 수도 있다. 더 이상 부가가치가 발생하기 어려운 부동산에 투자했다면 이러한 물건을 더 높은 가격으로 다시 받아줄 매수자를 찾는 건 매우 어렵고 생각보다 훨씬 더 많은 시간이 걸릴 수 있다. 결국 부동산은 매수할 때부터 추후 이 물건을 누가 매수할 것인지 심도 있게 고민해야 하고, 부가가치 창출을 위해 끊임없이 노력해야 한다.

2

임차인은
사업 파트너다

"사장님, 혹시 불편하신 건 없으세요? 제가 도와드릴 부분이 있을까요?"

내가 임차인과 연락할 때 가장 먼저 하는 말이다. 임대인은 임차인으로부터 임차료를 받을 권리가 있는 만큼 임차인에게 양질의 서비스와 공간을 제공해야 할 의무를 갖는다. 그것이 임대인의 기본적인 책무다. 엄밀히 말하면 임차인은 나에게 월급을 주는 고용주와 같은 존재다. 아무리 좋은 부동산을 가지고 있다 해도 임대료를 납부할 임차인이 없다면 아무런 수익과 가치도 발생시킬 수 없기 때문이다. 물론 부동산 개발을 통해 가치를 높일 수도 있지만, 그 또한 해당 부동산을 사용할 임차인이 얼마의 임대료를 납부할 수 있는지를 두고 가치가 매겨진다.

그러나 많은 임대인은 이러한 사실을 망각한 채 자신이 갑이라고 생각할뿐더러, 이렇다 할 관리와 조치를 취하지 않아도 월세가 나올 것이라고 착각하기도 한다. 임대차계약서에 작성된 내용처럼 임차인을 '을'로, 임대인을 '갑'으로 여기고는 임차인을 하대하거나 마음에 들지 않으면 나가라는 식의 태도를 보이는 임대인들도 간혹 있다. 이런 마음으로 부동산 투자를 한다면 임대인과 임차인과의 불화는 끊이지 않을 것이고, 이러한 불화가 지속된다면 상가나 건물의 경우에는 주변에 금방 소문이 나기 때문에 오랜 기간 안정적인 월세를 지급하는 우량한 임차인을 받는 것이 불가능해지며, 잦은 임차인 변경으로 소모되는 계약비용과 시간, 인테리어 공사 등으로 어려움을 겪게 될 것이다.

수익의 일부는 임차인에게 재투자하라

나는 임차인으로부터 받는 임대료의 10% 정도는 임차인에게 되돌려줘야 한다는 마음으로 투자에 임하고 있다. 이는 단순히 임대료를 매월 10% 할인해 주라는 의미가 아니다. 건물을 사용하는 임차인이 필요로 하는 것을 수시로 확인하고, 임차인이 발전할 수 있는 여러 방안에 대해서 같이 고심하며, 임차인의 발전을 위해 지속적으로 투자해야 한다는 것이다.

가령 주거용 부동산의 경우 임차인이 원하는 도배, 장판, 싱크대, 화장실 등의 인테리어 공사를 해 주는 식으로 말이다. 아파트 월세가 100만 원이 넘지 않고, 2년 뒤에 임차인이 퇴거한다고 가정할 시 이렇게 요구를 다 들어 주면 남는 것이 없다고 생각할 수도 있지만 싱크대와 화장실은 깔끔하게 사용하면 10년은 쓸 수 있고, 도배와 장판만 4년마다 교체한다고 하면 해당 기간에 수령할 임대수익의 10% 내외의 금액에서 공사비 해결이 가능하다. 투자 경험상 깔끔한 집일수록 임차인 또한 조심스럽게 사용하기 때문에 추후에 공사비용도 적게 들었다.

반대로 지저분한 집을 공사비용을 투자하지 않고 단순히 임대료만 낮춰 임대하는 경우, 계약이 종료된 이후 이전보다 훨씬 더러운 집을 돌려받을 수도 있다. 즉 공사비를 아끼기 위해 임대료를 낮추면 운영하는 기간 동안의 수익률이 1차적으로 낮아지고, 추후에 이를 개선하고 임차인을 받기 위한 공사비는 어차피 투입되어야 하기 때문에 2차적으로 수익률이 낮아지는 상황이 벌어진다. 반대로 수리가 된 깔끔한 집에 거주하는 임차인들은 거주 공간에 만족하며 오래 살았으며, 재계약이나 매도 시에도 적극적으로 협조해 줬다.

　상업용 부동산은 주거용 부동산에 비해 조금 더 구체적인 관리가 필요하다. 임차인이 영업을 해서 매출을 일으키는 장소가 바로 이 상업용 부동산이기에 해당 공간을 사용할 수 있는 임차인이 특정되어 있고, 임대료는 매출에 영향을 받게 된다. 임대인의 입장에서 임대차계약상 월 임대료가 고정되어 있으면 임차인의 매출과 임대인의 수익이 서로 무관하다고 생각할 수 있다. 그러나 그것은 임대인의 입장만 고려한 편협한 시각이다. 임대인은 임차료를 최우선 순위로 생각하지만 임차인은 임대료 외에도 생각해야 될 것들이 넘쳐나기 때문이다.

　임대료 미납에 따른 계약해지나 명도 절차에는 생각보다 오랜 시간이 필요하며, 임차인이 투자한 인테리어비와 권리금 등의 문제를 해결하는 게 쉽지 않다는 건 임대인보다 임차인이 더 잘 알고 있을 것이다. 장사 경험이 많은 임차인은 매출이 줄어들 때 인건비, 식자재 및 재료비, 업장 유지관리비 등 장사에 당장 필요한 대금을 우선 납부한 이후 어느 정도 매출이 회복되면 임대료를 납부하는 경향을 보인다. 임차인의 입장에서는 본인이 가진 마지막 종잣돈을 임대료 납부에 사용하는 것보다는 그래도 희망을 갖고 업장을 살리기 위한 비용으로 쓰는 것이 옳은 선택이기 때문이다.

따라서 임대인은 임차인을 동업자라 생각하며 우호적이고 상호 발전적인 관계를 유지해야 하고, 임차인의 매출을 높일 수 있는 방안에 대해서 함께 고민하고 투자해야 한다. 예를 들어 크리스마스 시즌에 맞춰 건물 전체의 분위기를 돋보이게 할 수 있는 소품 등을 설치해 주거나 트렌드에 맞도록 인테리어의 일정 부분을 변경해 주는 것이다.

더 나아가서는 임차인의 인건비를 줄이거나 업무 효율성을 높일 수 있는 시설 및 도구를 구입해 주는 형태로 투자를 하기도 한다. 만약 임차인이 임대료를 지급하는 데 어려움을 겪고 있다면 명도 소송의 절차로 이를 해결하려는 고민을 하기 전에, 임차인이 임대료를 지급할 수 있도록 상황을 호전시킬 수 있는 방안에 대해 함께 고민해야 한다.

임차인은 받은 만큼
임대인에게 돌려준다

나는 모든 사람들에게 '측은지심(惻隱之心)'이 있다고 믿는다. 이는 인간의 본성은 착하다고 주장하는 맹자의 성선설에 기반한 것으로, 저마다 처한 상황 때문에 행동하지 못할지라도 마음속에는 남을 도와주고 싶은 착한 마음이 있다고 믿는 것이다. 부동산 투자에서도 이러한 측은지심이 필요하다. 나는 내가 투자한 집에 거주하는 분들이 그 집으로 인해 행복하기를 바라고, 내가 투자한 건물에서 영업을 하는 분들이 그 건물로 인해 더 많은 매출을 내기를 바란다. 그렇게 만들기 위해 충분히 고민하며 남들과는 다른 우월한 서비스를 제공하고 있으며, 이러한 노력이 통했는지 점포를 운영하는 임차인들이 다른 임차인을 소개해 주기도 한다.

임차인의 만족은 작은 것에서부터 시작된다. 임대인이 선한 마음으로 먼저 임차인에게 다가가면 임차인도 조금씩 마음을 열 것이다. 하루는 임차인에게서 오래된 변기 뚜껑이 떨어져 나갔는데 아무리 붙여도 잘 고정되지 않는다는 연락이 왔다. 업체 전화번호를 알려주면 그만이지만 변기 뚜껑 하나 달아주러 바로 갈 수 있는 설비 업체도 없는 상황이었다.

그날 퇴근길에 마트에 들러 새 변기 뚜껑을 샀고, 정장을 입은 채로 화장실에 앉아 손수 변기 뚜껑을 갈아줬다. 그때부터 임차인은 작은 문제는 스스로 해결했으며, 이사 나가기 3개월도 훨씬 전에 내게 언질을 주어 다음 임차인을 차질 없이 받을 수 있었다.

오랜 기간 아파트, 빌라, 오피스텔, 상가, 사무실, 창고 등 여러 형태의 부동산을 투자하고 관리하면서 느낀 건 임차인은 내가 기르는 작물에 과실이 열리게 해 주는 햇빛과 물 같은 소중한 존재라는 것이다. 햇빛과 물이 없으면 아무리 좋은 비료와 고도의 농사 기술이 있어도 그 농작물은 싹을 틔울 수 없다. 이와 마찬가지로 임차인이 만족하지 못하고, 여기저기서 문제가 터져 나오는 부동산은 그 효용적 가치를 인정받을 수 없을 것이다.

3

자신만의 투자
히스토리를 축적하라

　음식 관련 프로그램을 보면 신선한 재료로 근사한 요리를 만들어 내는 쉐프들이 나온다. 하얀 앞치마를 두르고, 화려한 기교를 부리면서 접시 위에 작품과 같은 음식을 담아내면, 연예인들은 그 음식을 입에 넣으며 세상을 다 가진 듯한 표정을 짓는다. 우리는 텔레비전을 보며 그 황홀한 상태를 같이 느끼고 싶어 하기에, 그 요리를 따라서 해 보거나 그 쉐프가 운영하는 식당을 찾아가서 똑같은 음식을 맛보기도 한다.

　그 황홀한 맛을 느끼고 싶어서 비슷하게 따라해 봤을 때 실제 결과는 어떠한가? 집에서 해 보니 아무리 레시피를 똑같이 따라 해도 텔레비전에 나오는 쉐프가 만든 요리처럼 되지 않고, 맛도 형편없으며 음식물 쓰레기와 설거지거리만 잔뜩 생길 것이다.

억울한 마음에 그 쉐프가 운영하는 식당을 찾아간다 한들 방송에서 보았던 그 느낌 그대로를 받기란 어렵다. 영상으로 보이는 것과 현실은, 그리고 상상하는 것과 실제 경험하는 것은 다르기 때문이다. 이는 개인의 취향이나 성향의 차이에 따라 비슷하거나 또 다르게 나타날 수 있다.

손가락 지문처럼,
모든 투자는 형태가 다르다

방송에 출연하는 사람들이 자랑처럼 '난 이렇게 해서 몇 년 만에 몇 억을 벌었다'라고 성과물을 보여주면, 사회자나 방청객은 눈이 휘둥그레지며 감탄사를 연발한다. 자수성가한 그들의 히스토리를 듣고 있으면 '나도 할 수 있겠는데?'라는 알 수 없는 자신감마저 생긴다.

물론 성공한 사람이 걸어간 그 길을 그대로 따라가기만 해도 수익을 볼 수 있지만, 부동산은 같은 지역이라도 물건마다 모두 다른 특징을 갖고 있으며, 유사한 물건도 매매 시기와 여러 경제적인 환경 등에 따라 큰 차이를 보인다. 부동산 투자는 시공간적으로 동일한 상황이 발생할 가능성이 거의 없을뿐더러 투자자의 상황이 천차만별이기 때문이다. 한 아파트를 2억 원에 사서 3억 원에 판 사람이 "난 이 아파트를 사서 1억 원을 벌었다"라고 말하는 것을 듣고 따라 한다고 해서, 그 아파트를 3억 원에 샀을 때 4억 원에 팔 수 있다는 보장은 없다. 유명 셰프가 만든 요리의 생김새는 따라 할 수 있지만 본질적인 맛은 따라 하기 힘든 것과 마찬가지다.

'적을 알고 나를 알면 백전불태'인 것처럼 내가 과거에 투자했거나 현재 투자한 부동산에 대해서 알고, 나의 자금흐름을 알아야 미래의 투자에서 실패하지 않을 수 있다.

다시 말해 각 투자 물건마다 그 과정과 내역을 꼼꼼하게 기록한 '스토리'가 축적되어야 자신에게 맞는 '히스토리'가 마련될 것이고, 그렇게 형성된 투자의 역사는 다른 투자자들과 비교할 수 없는 본인만의 판단 기준이 될 것이다. 또한 그 경험의 면면에는 문제의식과 치열한 사유가 쌓여 있을 것이기 때문에, 스스로 길을 개척하고자 노력하다 보면 타인의 권유나 뉴스, 시대 상황에 휩쓸리는 수동적인 투자는 더 이상 하지 않게 될 것이다. 투자에 대한 꾸준한 기록과 데이터 수집, 반추의 과정이 반드시 필요한 까닭이다.

4

그물처럼 촘촘하게 데이터를 엮어야 큰 물고기를 잡는다

본인만의 부동산 투자 히스토리를 만들기 위해서는 먼저 각 부동산별로 서류와 자료들을 정리해 놓는 습관이 필요하다. 회사에서 품의서와 그에 딸린 첨부 자료를 컴퓨터 내 폴더별로 정리해 놓는 것과 같은 방식이다.

언제 어디서든 접속이 가능한 클라우드 파일 드라이브에 '물건별 투자 자료' 폴더를 만들고 그 안에 '각 부동산 물건별 하위 폴더(예: 00시 00동 00번지 00빌라 000호)'를 만든다. 이후 '매입, 공사, 보유, 매각' 으로 네가지 폴더를 만들어 각 폴더별로 해당 시기에 발생한 서류와 파일을 저장해 놓는다. 이 과정은 투자하기 전부터 매각한 후까지, 부동산 생애주기에 대한 기록을 모두 남긴다는 마음으로 진행해야 한다.

매입 폴더에 보관해야 하는 것

매입 폴더에는 매매계약서, 중개대상확인설명서, 대출계약서, 등기권리증, 취등록세 납부 영수증, 각종 공부서류(등기부등본, 건축물대장, 토지대장, 지적도, 토지이용계획확인서)와 매입을 위해 납부한 비용의 영수증과 세금계산서 스캔본을 보관한다. 이러한 자료들은 매각 시 양도소득세나 법인세를 산정하는 근거가 된다.

또한 매입을 위해서 검토했던 법률의견서, 건물과 시설의 현황을 파악한 자산실사서류, 투자손익을 계산한 손익분석 엑셀 파일, 감정평가서, 유사물건을 직접 조사한 시세 비교 자료, 지역의 임장 시 확인했던 세부 사항들, 해당 지역의 개발계획을 확인할 수 있는 지역별 도시계획, 공고문, 관련 뉴스 기사 등을 첨부한다.

보관해야 할 사진으로는 계약 전과 계약 시, 소유권 이전 직후 사진을 시기별로 구분해 보관한다. 소유권 이전과 함께 해당 부동산의 사용자 혹은 거주자의 이전이 진행되는 경우 그 과정의 전·중·후 사진도 함께 보관한다. 주기적으로 사진을 찍어 놓고 보관하면 해당 부동산 상태의 변화를 쉽게 알아볼 수 있고, 이렇게 정리된 사진 자료는 추후 매매 거래나 임차인 모집 시 홍보 자료로 유용하게 활용할 수 있다.

공사 폴더에 보관해야 하는 것

공사 폴더에는 해당 부동산에서 진행된 공사에 관한 건들을 보관한다. 아파트나 빌라 같은 주거용 부동산의 경우 내부 인테리어 계약서와 견적서가 해당 폴더에 주로 보관하는 자료가 되며, 추가적으로 임차인이 사용하면서 발생한 누수 방지 공사, 보일러 교체 공사, 인터폰 교체 공사 등 크고 작은 공사를 모두 포함해 일자별로 정리해서 보관한다.

상가나 사무실 같은 상업용 부동산의 경우 임차인이 직접 인테리어를 하는 경우가 많다. 이렇게 임대인이 직접 공사하지 않고 임차인이 공사를 했더라도 임차인에게 부탁해서 관련 자료들을 받은 후 해당 공사 내역들을 빠짐없이 수집해 둔다. 그래야 자신의 부동산에 어떤 공사가 진행되었는지를 알 수 있고, 문제 발생 시 책임 소재가 명확해진다.

규모가 큰 건물의 대수선 공사나 리모델링 공사가 진행되는 경우에는 설계와 인허가 서류뿐만 아니라 공사와 관련된 공사도급계약서, 견적서(공사 항목별 원가계산서, 재료 리스트), 공사일정표 등을 보관하며, 공사업체와 관련된 서류인 건설업등록증, 사업자등록증, 공사이력서 등도 따로 모아 업체를 관리하기도 한다.

공사 폴더에도 공사 전·중·후 사진을 보관하는 것은 필수이며 가능하면 주기적으로 방문해 찍어 두기를 권한다. 물론 실제 공사가 이뤄지면 공사업체에서 공사대금을 중간중간 청구하기 위해 기간별 공사 내역과 사진을 첨부한 기성고내역서를 보내 준다. 그러나 투자자 본인이 현장에서 확인하고 잘못되고 있는 부분을 직접 짚어 주는 것과, 모든 것을 시공사에 맡긴 채 서류로 확인하는 것은 분명한 차이가 있다.

이렇게 조금씩 경험이 쌓이면 공사업체에서 제시하는 각 항목별 견적 수준이 적정한지 판단할 수 있으며, 공사가 진행되는 과정에서 겉보기에만 화려하게 진행이 되는지 내부까지 꼼꼼히 진행되는지 감별할 수 있는 눈이 생길 것이다.

나는 이러한 경험을 토대로 임차인의 요청에 맞춰 합리적인 가격으로 공사를 진행해 주기도 하며, 임차인이 직접 비용을 들여 공사하는 경우에도 공사비용과 진행 과정에 대한 검수를 해 주거나 공사업체와 가격을 협의해 주기도 한다. 이러한 협조는 결국 임차인의 만족도 향상과 임차인과 임대인 간의 신뢰도 향상으로 이어진다.

보유 폴더에 보관해야 하는 것

보유(운용) 폴더에는 부동산 보유 시 발생하는 임대차계약과 건물관리를 위한 내용들이 보관된다. 주거용 부동산의 경우 중개사무소에서 제공해 주는 임대차계약서와 중개대상확인설명서 정도가 첨부되지만, 상업용 부동산의 경우 조금 더 세부적인 내용이 첨부되기도 한다. 예를 들어 중개회사와 작성한 중개계약서, 중개회사에서 작성해서 임대인에게 주기적으로 보고하는 마케팅 활동보고서, 임차제안서, 입점 가능 임차인 세부 리스트 등이 있다.

나는 중개회사를 통해 임차인을 모집하기도 하고 직접 임차인을 찾아 나서는 경우도 있는데, 이를 위한 자료 역시 보관해 놓는다. 먼저 임차인을 내 건물에 입점하기 위해서 준비했던 해당 상권의 업종별 매출 분석, 유동인구 분석 등 지역 상권과 업종에 대한 정보를 담는다. 해당 자료는 상권정보시스템, 서울시 우리마을가게 상권분석서비스, 경기도 상권분석지원서비스와 같이 정부에서 운영하는 사이트를 통해 수집할 수 있고, 민간업체인 오프업, 프랜차이즈 정보를 확인할 수 있는 마이프차, 자영업자들의 커뮤니티인 '아프니까 사장이다' 등 다양한 인터넷 사이트에서도 찾을 수 있다.

또한 상권 및 권역별로 최근 트렌드에 맞춰 사업을 확장하는 임차인 리스트(상호, 리테일의 경우 주력메뉴, 본/지점 여부, 대표자 혹은 임대차 담당자 연락처 등)를 수집해 놓으며, 이에 맞는 임차제안서를 직접 작성해서 제안한다.

임차인 모집과 상권 분석을 위한 정보뿐만 아니라 부동산을 보유하면서 발생한 공사 외의 관리 항목에 대한 지출증빙도 해당 폴더에 모두 정리해 놓는다. 이는 임차인에게 안정적인 주거 혹은 상업 환경을 제공하고 임대료를 받기 위해 임대인이 지불해야 하는 금액으로, 해당 부동산에 대한 실제 관리 비용을 산출할 수 있는 중요한 자료다. 예를 들어 여기에는 건물관리도급비(건물을 청소하는 미화 인력, 시설관리 인력, 보안 및 주차관리 인력을 유지하기 위한 비용), 수도광열비(전기 및 수도요금), 보험료, 수선유지비 등 일반적인 관리비용과 도로점용료, 교통유발부담금, 환경개선부담금, 보유세 등 제세공과금이 포함된다.

제세공과금 서류를 보관할 때는 발급되는 고지서 외에 세부산출내역서를 해당 관청에 요청해서 받은 후 그 산정내역을 확인하고 보관해 놓는다. 그래야 주기별 청구내역의 변동성을 확인할 수 있으며, 그 원

부동산 투자, 농사짓듯 하라

인을 짚어낼 수 있다. 이러한 관리비용에 관한 모든 서류들은 전년과 올해의 건물 운영비용에 대한 차이를 확인할 수 있게 해 주고, 이를 통해 미래에 발생할 비용을 예상하고 그에 맞는 관리 예산을 확보할 수 있다.

매각 폴더에 보관해야 하는 것

매각 폴더에는 매각 과정과 매각 이후에 발생한 업무에 대한 내용을 보관한다. 매입 당시와 마찬가지로 매매계약서와 부수서류가 포함된다. 추가적으로 보관되는 것은 매각 전 왜 매각하기로 결정했는지에 대한 검토 자료와 매각 과정에서 작성한 물건 홍보 자료다.

경험이 많지 않은 투자자의 경우 매수 시 각종 호재를 모두 따지고 검토했음에도 불구하고, 매각할 때는 애물단지인 양 황급히 털어버리는 경향을 보인다. 아무리 좋은 종자를 올바르게 고르고, 정성껏 심어 잘 키웠다고 할지라도 마지막에 시장에서 제값을 받지 못한다면 그 투자는 실패했다고 볼 수 있다.

시장에 가서 물건을 파는 상인들을 유심히 관찰해 보자. 고사리를 파는 상인은 고사리의 효능에 대해서, 인삼을 파는 상인은 인삼의 효능에 대해서 박스 종이에 삐뚤빼뚤한 글씨로 써 놓는다. 그리고 가격을 제시하고, 예쁘게 포장해 잘 보이는 곳에 진열해 놓고는 큰 소리로 호객 행위를 한다. 이처럼 몇천 원, 몇만 원짜리 상품을 팔 때도 그 제품의 장점을 홍보하고 강조하는데, 많은 부동산 투자자들은 그와 비교도 안 되는 높은 가격의 부동산을 팔면서 어떠한 노력도 없이 무심하게 중개사무소에 모든 것을 맡겨버리는 경향이 있다.

남들보다 높은 가격에 그리고 더 빠른 시기에 매각하고 싶다면, 투자자도 시장 상인의 마음으로 본인의 물건을 적극적으로 홍보할 수 있어야 한다. 예컨대 내가 투자한 부동산에 대한 홍보지를 만든다면, 현

■ **부동산 물건의 생애주기에 따른 파일 내역**

폴더별	서류 및 파일 내역	사진
매입	매매계약서, 중개대상확인설명서, 대출계약서, 등기권리증, 취등록세 납부 영수증(법무사 관련), 매입 시 검토자료(법률, 자산, 손익분석, 감정평가 등), 공부서류, 영수증 및 세금계산서 등	매입 시 최초 사진(계약 전, 잔금 및 명도 후)
공사	설계 및 공사계약서, 도면, 작업일정표, 세부견적서, 하자보수보증서, 영수증 및 세금계산서 등	최초 공사 전·후 사진
운용	임대차계약서 및 관련 서류 및 부동산 보유 중 발생한 관리비 세부 항목	보유 기간 중 공사 발생 시 전·후 사진
매각	매매계약서, 중개대상확인설명서, 대출상환서류, 매각 홍보 자료, 영수증 및 세금계산서 등	매각 마케팅용 사진

재 건물의 일반적인 현황과 임대차계약 현황을 빠짐없이 작성함으로써 읽는 이들이 물건에 대한 정보와 임대수익률을 즉시 계산할 수 있도록 한다.

또한 건물 관리에 소요되는 비용과 수선 내역, 사진 등을 첨부해 그동안 건물 관리에 힘썼다는 증거를 제시해야 한다. 특히 잘 나온 사진 한 장은 다른 어떤 자료들보다 보는 이들로 하여금 방문 욕구를 강하게 이끌어낼 수 있다. 추가한다면 부동산 시장 환경이나 해당 건물 주변 상권의 변화, 개발 계획 등을 기입해 놓아서, 해당 물건의 수익률이 향상될 수 있다는 미래의 가능성을 제시해야 나의 물건이 다른 물건보다 돋보일 수 있을 것이다.

내일이 오늘과 같을 수는 없다: 자신의 현금흐름을 기록해야 하는 이유

부동산 투자를 하면서 과거의 수익에 대해서 언급하는 것은 남들에게 말하기도, 읽히기도 쉽다. 이미 모든 거래가 끝났기에 변경될 여지가 없어서 눈에 명확히 보이기 때문이다. 그러나 나의 미래 또한 다른 사람들의 과거와 동일할 거라 생각하고 투자해서는 안 된다. 우리는 매일 변화하는 부동산 시장의 하루 앞도 예측하기 어려운 한 개인에

불과하다.

따라서 나에게 맞는 과거와 현재, 미래의 현금 흐름을 스스로 확인하고 인지할 수 있어야 한다. 그것이 본인에게 적합한 투자 규모와 실행 여부를 판단하는 기준이 될 것이기 때문이다. 나는 이러한 기준을 마련하고, 충동적인 투자를 막기 위해 향후 일 년 내외로 발생이 예상되는 비용과 수익을 기입한 '미래의 현금흐름에 대한 표'를 작성해 놓은 다음, 적어도 3개월 단위로 업데이트를 해서 나의 재무 상태를 체크한다.

미래의 현금흐름표를 작성하는 목적은 언제든 투자에 적합한 부동산 물건이 나타났을 때 해당 자료를 통해 내가 감당할 수 있는 투자인지 수치적으로 명확하게 확인하기 위해서다. 특히 자신의 미래 현금흐름은 아무리 유능한 전문가가 오더라도 본인이 아닌 이상 예측이 불가능하다. 투자자 혹은 투자법인의 과거를 기록하는 재무상태표와 손익계산서는 회계사나 세무사와 같은 전문가가 작성해 줄 수 있어도, 미래 현금흐름표만큼은 투자자 본인이 스스로 작성해야 한다는 것이다.

미래의 현금흐름표에 작성되어야 하는 내용으로는 현재 유지되고 있는 임대차계약 및 대출계약에 따른 미래의 현금흐름, 향후 예상되는 보증금 반환의 시기와 금액, 발생 예정 세금과 납부 시기, 매입 당시 물리실사를 통해 확인했던 공사 예상 시기와 비용 등 본인이 투자한 모든 부동산에 대한 법률적, 재무적, 물리적 현황이 포함되어야 한다. 그래야 미래에 발생할 수 있는 자금 지출에 대한 대비가 가능하기 때문이다. 현금흐름에 대한 정리와 예측 없이 맹목적인 부동산 투자를 한다면 지금껏 쌓아온 투자의 공든 탑이 일시적인 자금 경색이라는 작은 충격 한 번에 모두 무너질 수도 있다.

■ 본인의 재무상태를 확인하기 위한 현금흐름표 예시

일시	적요(예)	의뢰인	입금	출금	잔액
년/월/일 (과거)	00동 00아파트 매도 계약금	매수자	20,000,000	0	320,000,000
	00동 상가 임대료	임차인	1,000,000	0	321,000,000
	00동 00빌라 보일러 교체	00보일러	0	600,000	320,400,000
년/월/일 (미래)	재산세	위택스	0	10,000,000	310,400,000
	00동 00아파트 전세금 반환	임차인	0	200,000,000	110,400,000
	00동 전기시설 예상 공사비	공사업체	0	30,000,000	84,400,000
	00동 00아파트 매도 잔금입금	매수자	180,000,000	0	260,400,000
	00동 00아파트 매도 부수비용	중개사	0	880,000	259,520,000

투자 경험을 내 것으로 만들려면
투자 현황을 정리하라

　각 물건별로 폴더를 만들어서 관련 증빙서류를 모두 갖춰 놓았다면, 그 자료를 토대로 자신만의 부동산 투자 현황을 정리해서 한 장의 표로 만들어 놓아야 한다. 이 현황표는 경험을 기록화하고 체득하는 데 있어, 그리고 자신의 투자 물건을 일목요연하게 관리하는 데 있어 효과적인 역할을 한다.

　먼저 부동산 투자 현황 중 숫자로 표현되거나 간단히 단어로 범주화할 수 있는 사항에 대해서 엑셀로 정리한다. 해당 현황은 월 1회 업데이트를 하며 동일한 두 개의 시트로 만들되 하나는 현재 보유한 물건의 현황, 다른 하나는 과거에 보유했던 매각 물건의 현황으로 이뤄져 있다. 각 시트의 형태는 동일하며 해당 시트에 입력되는 정보와 세부 내용은 다음과 같이 이뤄진다.

대분류	소분류	물건별 기재 내용	기재 기준
1. 기본 정보	No.	번호 기재	매입일 순으로 번호 부여
	물건 형태	아파트, 빌라, 구분상가, 일반 건물 등	물건의 형태별로 구분함
	주소지	시군구, 동, 번지, 동/호수	도로명 주소, 지번 주소 동시 기재
	면적/향	예: 33평형/남동향	건물/토지 면적 구분
	매입일	___년 __월 __일	소유권 이전 완료일 기준
	매입가	부동산 매입가격	계약서상 매입금액
	매입 부대비용	매입을 위해 지급한 비용	중개보수, 취등록세, 등기비용, 대출수수료, 매입 검토비용 등
	명의	개인/공동/법인	소유권자 기재
	공시가	국토교통부 공시가격	발표 시 연도별 업데이트
2. 임대차 계약 정보	보증금	임대차계약 기준	인상률 및 주요 계약 조건은 메모로 삽입
	월 임대료		
	월 관리비		
	최초계약일	최초 임대차 계약일	주택/상가건물 임대차보호법상 임대 기간, 중도해지, 인상률 등을 협의 시 대응을 위한 항목
	재계약일	동일 임차인의 경우 재계약일	
	계약종료일	계약서 상 종료일	
	계약갱신권 사용	계약갱신권 사용 여부를 O, X로 표시	

3. 대출 정보	대출금	해당 물건 담보 대출금액	신용대출인 경우 별도 기재
	월 지급액	매월 이자, 원금 지급액	대출에 대한 기본 정보
	월 이자	매월 원금을 제외한 이자 지급액	
	대출기산일	대출이 시작된 날	
	대출만기일	대출이 종료되는 날	X년 만기
	금리	X.X%	현재 적용되는 금리
	형태	X년 고정/변동 금리 (금리변경일) 원리금/원금균등, 만기일시 상환 등	대출이자 변동 시기, 대출상환 방식 기재
	대출 기관	__은행 __지점 (담당자)	대출 취급 기관/연락처
	주택담보대출 비율(LTV)	KB 시세 기준 LTV(%)	
4. 공사/ 관리 내역	공사일	공사 시기	공사를 여러 번 진행한 경우 행을 추가해 모두 기입
	공사비	공사에 소요된 비용	
	공사 내역	도배, 장판, 싱크대, 새시 등	
	연 관리비	건물관리도급비, 수도광열비, 보험료, 수선유지비, 도로점용료 교통유발부담금, 환경개선부담금, 보유세 등	건물 보유 및 운영 시 발생되는 정기적인 비용 (임대인 납부 금액)

	현 시세	• 매각 전: 유사 물건의 현재 시세 조사 후 예상가액 기입 • 매각 후: 매각 금액 기재	매각 전 시세금액을 보수적으로 작성할 것
	매각일	예: ___년 __월 __일	소유권 이전 완료일 기준
	매각 부대비용	매각을 위해 지급한 비용	매각 검토비용, 중도상환수수료, 중개보수, 홍보비 등
5. 수익률 (세전)	운영 시 연 수익률 (Enter Cap Rate)	{(월 임대료−월 관리비)×12개월} ÷{(매입가+매입부대비+공사비) −보증금}	건물운영(보유) 시 연 수익률
	매각 시 연 수익률 (Exit Cap Rate)	{(월 임대료−월 관리비)×12개월} ÷(매각 예상 시세−보증금)	매각 시 예상 매수자의 연 수익률
	매매차익	(현 시세−매각부대비)−(매입 가+매입부대비+공사비)	매각에 따른 단순 시세차익
	매매 수익률 (연)	[{((현 시세−매각부대비)÷ (매입가+매입부대비+공사 비))−1]÷(보유일수/365일)	매각에 따른 연 수익률

첫 번째, '기본 정보'에서는 부동산 물건의 형태와 주소지, 면적, 방향 등 해당 부동산이 가지고 있는 고유 정보에 대해서 기입한다. 모든 기입의 기준은 등기부등본, 건축물대장, 토지대장 등 공부서류를 근거로 한다. 또한 매입에 대한 정보를 기입해서 해당 매입 정보를 기준으로 수익률을 계산할 수 있도록 기준을 마련한다. 아울러 공시지가나 공동주택가격을 매년 기입해, 변동의 추세를 파악하거나 발생할 세금

을 예측하는 판단의 기준으로 활용한다.

두 번째, '임대차계약 정보'에는 해당 부동산 물건의 임대차계약에 대한 주요 조건을 기입한다. 임대차계약에 대한 사항을 일목요연하게 정리 및 요약해 놓아야 임차인의 요구나 계약사항에 대한 이슈가 발생했을 때 신속한 대응이 가능하다. 또한 현재 임대 조건을 인지하고 있어야 시세 변화에 민첩하게 대응할 수 있다. 특히 계약 기간의 경우 적절한 시기를 놓치게 되면 묵시적 갱신으로 이어지거나, 임대차계약 종료 이후 새로운 임차인을 찾는 것이 늦어지기도 하며, 임대료 및 관리비 인상에서 협상의 주도권을 빼앗기는 등 협의에서 불리한 위치에 처할 수 있다.

세 번째, '대출 정보'에서는 해당 부동산 물건을 담보로 실행한 대출 계약에 대한 주요 사항에 대해서 작성한다. 이는 매월 지급되는 이자비용을 확인하고, 금리가 변동되거나 대출이 만기되는 시기에 적절히 대응하기 위함이다. 이처럼 대출 정보를 정리하며 수시로 확인하다 보면 내가 기존에 받은 대출 금리가 최근의 대출 금리보다 높은 경우 대출 갈아타기를 통해 이자비용을 절감할 수 있다.

네 번째, '공사/관리 내역'에서는 해당 부동산에서 실시한 공사 내역과 주기적으로 발생하는 관리비 항목에 대해서 작성한다. 공사 내역

기록을 통해 해당 부동산에 필요한 공사의 주기와 비용에 대한 추세를 알 수 있기에, 관련 문제와 맞닥뜨렸을 때 대응하기 용이해진다. 참고로 여기에 작성되는 연 관리비는 임차인이 임대인이나 관리단에 납부하는 관리비가 아니라 임대인 및 소유주가 건물의 관리와 보유를 위해 납부하는 비용을 말한다. 아파트나 구분상가의 경우는 관리사무소가 이러한 업무를 대행해주기 때문에 세부내역을 작성할 필요가 없다. 그러나 직접 관리를 해야 하는 건물의 경우 임대인이 임차인으로부터 일정의 관리비를 직접 수령해서 해당 기관에 납부해야 하는 과정이 필요한 경우도 있다. 세부 항목을 구체적으로 나열하자면 수도 및 전기요금, 정기적인 법적 검사비용, 엘리베이터 유지관리비, 보험료, 도로점용료, 교통유발부담금, 환경개선부담금 등 정기적으로 지급해야 하는 건물 관리비용이 다양하게 발생한다.

다섯 번째, '수익률' 항목에는 현재 보유하고 있는 부동산의 수익률을 주기적으로 확인해서 기록해 놓아야 한다. 이는 해당 시기에 매도를 할 것인지 혹은 지속적으로 보유를 할 것인지 합리적으로 판단할 수 있게 돕는다. 또한 매각이 완료된 부동산 투자 물건의 경우 과거의 수익률을 시기별로 복기할 수 있는 중요한 데이터가 된다. 수익률을 계산하는 방식은 앞서 설명한 자본환원율(Cap rate)을 적용해 계산한다. 이 과정을 통해 투자자의 수익률뿐만 아니라 시장가격으로 매각 시 예상 매수자의 수익률도 확인할 수 있다.

7장

'기업형 부농'을
향하여

1

기업처럼 경영이 필요한 부동산 투자

　나는 책에서 말한 부동산 투자의 과정을 지속적으로 유지하고, 새로운 투자처를 찾기 위한 방법으로 기업의 경영 방식을 벤치마킹했다. 그래서 단순히 물건을 투자한다는 개념에서 벗어나 부동산 기업을 경영한다는 마인드로 투자에 임하고 있다. 이를 위해서 나는 상황에 따라 내가 만든 회사의 대표가 되기도 하고, 팀장이 되기도 하며 어떤 때는 영업직이 되었다가 또 어떤 때는 현장직이 되기도 한다.

　그렇게 여러 가지 역할을 수행하다 보면 투자의 모든 업무를 진행하는 것이 힘에 부칠 때가 있다. 그럴 때는 비용을 지급하고 업무를 타인에게 위임해 효율성을 높이기도 한다. 비용을 아낀다고 혼자 너무 많은 고민을 끌어안고 있으면 결국 지쳐서 아무것도 못하게 되기 때문이다.

여러분도 투자와 경영을 같은 선상에 놓고 분야에 따라 여러 팀으로 나눈 다음 그때그때 다른 사람이 된 것처럼 일을 처리해야 한다. 힘에 부치는 순간이 오면 그땐 실력 있는 조력자를 구하면 된다.

기획팀: 회사 현황을 관리하고 목표를 상기시킬 것

기획팀은 부동산 물건별 과거 히스토리와 현재의 물건의 현황을 관리하며, 궁극적으로 부동산 투자 회사가 나아가야 할 목표와 비전을 끊임없이 상기시켜 준다. 부동산 투자의 목적이 단순히 이윤 추구에 그치고 장기적인 목표가 없다면 그 기업에는 영속성이 사라지게 된다.

실제로 나의 부동산 투자는 "특별한 단 하나의 공간과 이야기를 만드는 것"을 목표로 삼는다. 이러한 목표는 임차인에게 안락하면서도 특별한 공간을 제공해야 높은 만족과 수익으로 돌아온다는 이념을 기반으로 한다. 부동산 투자와 관련된 임차인, 임대인, 투자자가 서로 상생할 수 있도록 조화와 융합에 특히 신경을 쓰고, 새로운 아이디어를 지속적으로 창출하는 데에서 나오는 수익을 추구하는 것이다.

물론 이런 목표와 이념이 거창하다고 느낄 수 있다. 그러나 임대인과 임차인 사이에서 선순환을 일으킬 수 있는 목표 없이 그저 돈만 벌기 위해 일방향적인 투자를 한다면 나의 투자로 인해 누군가는 불이익을 보게 될 수도 있으며, 나아가 반윤리적이거나 반사회적인 판단을 하게 될 수도 있다.

나는 부동산 투자를 시작했던 그날부터 지금까지 나의 투자 목표와 이념을 꾸준히 지켜오고 있으며, 어쩌면 그래서 더 큰돈을 벌지 못했을 수도 있다. 그러나 그 덕분에 임차인, 고객과 좋은 관계를 형성하면서, 상대적으로 투자에 대한 스트레스를 적게 받아 지치지 않는 꾸준한 투자할 수 있었다.

관리팀: 전문가들을 통해 투자 외 업무를 최소화할 것

관리팀은 부동산 투자의 기반이 되는 재무, 회계, 인사, 총무, 법무, 홍보 업무를 진행한다. 나는 가벼운 세금계산서 처리부터 재무상태표 작성, 각종 세금 검토와 신고 및 납부, 직원의 4대 보험신고 등의 업무는 회계법인에 매월 일정수수료를 납부하고 위임해 진행하고 있다. 또한 부동산 투자법인을 운영하기 위한 이사회, 주주총회와 각종 계약서 검토, 인허가 사항 검토 등은 업무가 발생할 때마다 법무법인과 건축사 사무소를 통해 진행한다. 아울러 SNS 홍보, 마케팅 자료 작성, 디자인 작업 등 혼자 진행하기에 시간이 부족한 경우에는 재능공유 플랫폼 (크몽, 라우드소싱 등)에 의뢰해 부동산 투자라는 본업으로 인해 발생하는 부수적인 업무를 최소화하기 위해 노력한다.

투자운용팀: 객관적인 수치를 통해 투자하고 매각할 것

투자운용팀은 부동산 투자를 검토하고 매수하는 업무와 투자 부동산의 관리 및 매각에 관한 업무를 진행한다. 이 과정은 책에 쓰인 것과 같이 과거의 경험과 객관적인 수치, 실사의 과정을 거치며 최대한 감정을 배제한 채, 진짜 회사 직원이 된 것처럼 일을 진행한다.

내 돈이 투자된 소중한 부동산 자산임에도 직원처럼 일을 해야 하는 이유는 투자를 하다 보면 사사로운 감정이 개입되어 합리적인 판단을 하지 못하는 경우가 생기기 때문이다. 가령 투자 물건의 매수가 힘들었거나 관리에 각별한 애정을 쏟은 물건은 목표 수익률에 도달해도 그 보상 심리와 기대감에 쉽게 매도하기 힘들다. 반대로 해당 물건에 투자했을 때 고생할 것이 눈에 훤히 보이는 물건은 수익률이 높아 보여도 매수하기가 망설여진다. 감정의 지나친 개입은 투자의 기반을 흔들 수 있다는 걸 명심하자.

미래사업팀: 정보 수집을 통해 신사업을 발굴할 것

미래사업팀은 부동산 지식과 식견을 넓히고 최신 정보와 트렌드를 수집하는 업무를 하며, 이를 토대로 부동산 관련 신사업에 대해 고민한다. 이러한 노력은 당장 눈에 보이는 투자수익을 창출하는 데에는 도움이 되지 않을 수 있다. 그러나 아무리 좋은 입지의 부동산 물건을 보유하고 있더라도 트렌드와 대중의 요구에서 벗어나게 되면 시장에서 도태되고 만다. 미래 흐름을 읽는 능력이 필요한 까닭이다. 뿐만 아니라 미래사업팀에서는 투자와 관련된 사람들과의 만남을 지속적으로 주선하고, 내 부동산 투자 회사의 지식과 노하우를 여러 사람들에게 전수해 올바른 투자시장을 확립하고자 하는 노력을 기울이기도 한다.

스스로를 경영하듯 부동산 투자를 하라

이와 같이 하나의 기업을 운영하는 것처럼 업무를 나눠 진행하면 효율적이고 합리적인 투자가 가능하다. 어느 한 팀만 잘한다고 해서 회사 전체에 엄청난 이익을 가져다 주지는 않는 것처럼, 각 팀은 저마다의 역할을 성실히 수행해야 한다. 이렇게 조직력이 잘 갖춰진 회사일수록 위기를 버티는 힘도 강하다.

가령 상승장이라고 해서 투자운용팀이 독단적으로 무리하게 일정을 잡고 업무를 진행하면, 기획팀의 현황 정리와 방향 설정이 소홀해져 궁극적인 목표에서 벗어난 투자를 하게 될 수도 있다. 뿐만 아니라 관리팀의 현금흐름 파악이 누락되거나 각종 비용 지급이 미뤄지면 추후 자금 운용에 큰 문제가 생길 수도 있다. 마찬가지로 눈앞의 이익만 쫓다 보면 미래사업팀에서 향후 발전을 위한 지식과 정보를 습득하는 능력이 낮아지기 때문에 트렌드에 뒤쳐진 채 발전 없는 동일한 투자만 반복하게 될 수도 있다.

결국 투자할 때 자신의 마음속 공간을 여러 개로 나눠 각각의 구획에 팀을 배치하고 시간을 분할해 업무를 진행한다면, 무리하지 않는 선에서 합리적인 판단을 할 수 있게 될 것이고, 이를 바탕으로 장기적이고 안정적인 관리 또한 이루어질 것이다.

2

내가 만난 건물주

출근길, 지하철역을 빠져나와 주위를 둘러본다. 휴대폰만 바라보며 출근하는 수많은 회사원들 뒤로 높은 빌딩들이 보인다. 거액의 재산을 상속받지 않는 이상 절대 살 수 없는 빌딩이지만, 그보다 좀 작은 건물은 그래도 죽기 전에 한 번쯤은 사볼 수도 있을 것 같다. 실제로 서울 도심의 중심 지역만 벗어나도 강남구 아파트 가격보다 저렴한 건물들을 쉽게 찾을 수 있다. 그러고 보면 이렇게 많은 건물의 숫자만큼 수많은 건물주들이 내 주위에 있겠구나, 하는 당연하고도 놀라운 생각이 든다. 인터넷이나 유튜브를 보면 많은 건물주들이 은퇴 후 화려한 삶을 사는 것처럼 나온다. 그러나 그들의 생활 방식을 보면 나, 그리고 여러분과 사실 크게 다를 게 없다.

내 주변에도 스스로 노력해서 건물주가 된 사람들이 있는데, 그들과 대화를 나누다 보면 하나로 이어지는 공통점을 발견할 수 있다. 바로 그들의 투자 원칙과 성장 스토리가 이 책에서 언급한 것들과 대부분 일치한다는 점이다. 그들 역시 건물주가 되기까지 장기간에 걸친 여러 번의 부동산 투자 경험이 있었고, 이를 뒷받침하는 노력과 끈기가 있었다. 그들은 투자 기간을 1, 2년이 아닌 '평생'으로 두고 있었으며, 나아가 자녀들에게까지 그 투자가 자연스레 이어질 수 있도록 고민하고 있었다.

그들은 단정하고 검소했다. 여유 있는 행동과 말투에는 겸손이 묻어 있었으며 이는 부자에 대한 선입견을 깨뜨리기에 충분했다. 또한 내게 보여준 존중과 배려는 그 어떤 명품 옷보다도 빛나 보였다. 몸에 밴 성실성은 부동산 투자뿐만 아니라 삶의 모든 면을 건강하고 윤택하게 만드는 것 같았다.

회사에서 우연히 만난
옆 팀의 건물주

황 차장님은 회사 생활을 하면서 처음 만난 건물주였다. 업무 협조를 하면서 친해진 어느 날, 내 꿈인 '건물주'에 대해 진지하게 이야기할 기회가 있었다. 그러자 그는 퇴근 후 저녁을 함께 먹자고 하더니 다른 직원들 몰래 마포구에 있는 본인의 건물로 나를 데려갔다. 그 건물의 곳곳을 소개하면서 토지 구입부터 건물을 신축하게 된 히스토리에 대해서 설명해 주고, 그 건물 지하에 있던 근사한 와인 바에서 저녁을 함께 먹었다.

"나도 했는데 조 과장이라고 못 하겠어? 노력과 경험, 이것만 있으면 돼."

나는 같은 회사에서 비슷한 업무를 하는 동료가 스스로의 힘으로 건물주가 되었다는 사실에 놀랐고, 전혀 티 나지 않게 숨어 지낸다는 사실에 또 한 번 놀랐다. 그날의 저녁 식사는 내게 큰 희망과 용기로 다가왔다.

그는 회사에서 높은 성과를 내며 매년 우수사원으로 뽑힐 정도로 인정받는 직원이었다. 통상적으로 건물주라고 하면 취미로 회사를 다닐 것 같지만, 직장에서는 그 누구보다 열심히 일했다. 함께 회사 생활을 하며 가장 인상 깊었던 것은, 무슨 일이 있든 한결같은 차분함으로 사람들을 대했다는 것이다. 말하기보다 경청하기 좋아했고, 상대방을 설득하고 협상하는 데 탁월한 기질을 보였다.

그러한 성향 탓인지 투자를 할 때도 무리수를 두는 일이 없었고, 계단을 오르듯 부동산 자산을 늘려 나갔다. 그리고 그 물건의 가치가 어느 정도 상승했을 때 적절하게 매각하는 현명함까지 갖추게 되었다.

건물을 짓기 위해
본업을 바꾼 건물주

부동산 대학원에서 만난 최종원 프로님은 체육학과를 졸업한 골프 티칭 프로였다. 골프 치는 일이 직업이었기 때문에 골프장에서 많은 사람들을 만나며 다양한 주제로 대화를 나누게 되었고, 그 대화를 통해 자연스럽게 부동산과 건설 분야에 관심을 갖기 시작했다.

그 후 그는 건물주가 되기 위한 꿈을 실현시키고자 단계별 계획을 세웠고, 이를 차근차근 실행해 나가기 시작했다. 먼저 건설 관련 회사에 입사해 건축에 대한 노하우를 쌓는 동시에 부동산 대학원에 들어갔다. 그 누구보다 열정적으로 수업에 참여했고, 학회와 동아리 활동을 하며 부동산, 건설 관련 동문들과 관계를 쌓았다.

그뿐만 아니라 이론 공부도 놓치지 않고 연구에 몰두하며 나중에는 부동산 관련 논문까지 썼다. 일과 공부를 병행하는 바쁜 과정 속에서 종잣돈을 더 빨리 모으기 위해 틈틈이 골프 레슨도 진행했으며, 이러한 부업을 통해 더 많은 사람들과 인연을 맺을 수 있었다.

그렇게 몇 년이 지난 어느 날 그와 저녁식사를 하던 자리에서 그가 건물을 짓고 있다는 사실을 알게 되었다. 그토록 원했던 건물주의 꿈에 바짝 다가선 것이다.

배움에 있어서는 한없이 스스로를 낮추고, 다른 사람을 만나고 돕는 일에 있어서는 마치 자기 일처럼 진심을 다했던 평소의 행동이 그의 꿈을 실현시킨 것이다. 실제로 그는 회사와 학교에서 배운 노하우를 바탕으로 주변 사람들의 도움을 받아 직접 시공에 참여했고, 그 덕에 공사비를 상당 부분 절감할 수 있었다.

그는 절감된 공사비를 건물의 퀄리티를 높이는 데 다시 투자했으며, 현재 그의 건물은 다른 건물보다 높은 임대료를 받으면서도 공실 없이 안정적으로 운영되고 있다. 또한 건물을 직접 올린 경력을 살려 대형 건설회사로 이직, 건물주의 삶과 회사원의 삶을 균형 있게 유지 중이다.

연구원도 울고 갈 건물주

박 팀장님은 평범한 직장인이다. 그는 평소 역사에 관심이 매우 많은데, 그 덕분인지 부동산을 볼 때도 역사를 공부하는 것처럼 어떠한 계기로 지금의 현상이 나타났는지, 현재 나타난 결과의 뿌리를 끈질기게 추적하곤 했다. 그러다 보니 부동산 가격의 등락이 어떠한 요인 때문인지 자연스레 분석하게 되었고, 새로운 곳에 방문할 때마다 상권이 어떻게 형성되고 발달했는지 파헤치게 되었다.

그렇게 취미처럼 분석하고 연구하다 보니 도시와 부동산의 발전이 국가의 도시계획, 교통망 설계 등과 밀접한 관련이 있음을 확인하고, 이와 관련된 데이터들을 역사학자가 사료를 수집하듯 오랫동안 모아 왔다. 그렇게 그는 즐기듯 공부하며 방대하게 쌓아 온 자료들을 토대로 꾸준하게 자신만의 투자를 했다.

자신만의 투자 방식을 통해 다른 사람들이 눈여겨보지 않았던 서울 내 한 상권의 건물을 매수했고, 건물 전체를 상업시설로 바꾼 다음 이를 특색 있게 활용할 수 있는 임차인을 모집하기 시작했다. 나아가 임차인의 성향에 맞게 직접 공간을 리모델링하기도 했다.

이러한 노력의 바탕에는 '임차인이 건물의 중심'이라는 그만의 신념이 있었다. 임차인으로부터 받은 임대료의 일부를 임차인에게 재투자하거나 시대의 흐름과 상황에 맞게 건물에 지속적으로 투자하는 방식으로 임차인과 끈끈한 유대관계를 맺었으며, 그 결과 자신이 투자한 건물을 중심으로 많은 임차인들이 찾아왔고 자신의 건물은 물론이고 그 지역의 상권까지 점차 발전시켜 나가게 되었다.

박 팀장님의 건물과 임차인 관리 방식은 마치 서비스가 좋은 대기업과 같았다. 임차인으로부터 민원이 발생하기 전에 먼저 불편하게 느낄 수 있는 요소들을 찾아, 그들의 의견을 구한 뒤 즉각적으로 보완하고자 했다. 나 역시 그의 모습을 본받아 부동산을 투자하고 있으며, 시장에서 어떠한 현상이 나타날 때마다 그 원인에 대해 분석하고 고민하는 시간을 갖는다.

주방에서 설거지하던 건물주

이 대표님은 지금의 자리에 오기까지 안 해본 일이 없는 요식업 전문가다. 설거지부터 서빙, 주방보조까지 어떤 일이든 배울 게 있다는 마음가짐으로 하나하나 배웠고, 끝내 자기 이름으로 된 가게를 오픈할 수 있었다.

주변에 창업하는 사람들을 보면 대개 퇴직금을 쏟아붓거나, 나이가 많지 않은 사람들은 부모님의 도움을 받아 창업자금을 마련한다. 반면 이 대표님은 바닥에서부터 배우며 성장했기 때문에 요리면 요리, 운영이면 운영, 뭐 하나 부족한 게 없었다.

그는 창업 후 매출을 늘리는 데에만 신경쓰지 않고 현장에서 경험한 문제점들을 차근차근 개선해 나갔다. 그 결과 안정적인 매장 운영은 물론 새로운 트렌드까지 읽을 수 있었고, 그렇게 십 년 이상의 긴 시간 동안 밤낮없이 노력한 끝에 많은 브랜드를 거느린 프랜차이즈 회사의 대표가 되었다.

사업을 확장하면서 본인 소유의 건물을 갖긴 했으나, 권리금 없는 죽은 상가에 저렴한 임차료로 입주해 건물과 상권을 활성화시키겠다는 그만의 투자 철학은 바뀌지 않았다.

자신의 노력과 수고로 매장이 활성화되고 상권이 형성되면 그에 따른 수익을 독차지한다 해도 이의를 제기하는 사람이 없을 텐데, 각 매장을 운영하는 책임자들에게 일정 비율의 수익을 나눠주며 독려하기까지 한다. 모든 매장을 혼자 운영할 수 없기도 하거니와 성공이란 주위 사람들의 도움이 있기에 가능한 일이고, 사장이 먼저 나서서 수익을 직원들과 나눌 수 있어야 직원들도 책임감을 갖고 즐겁게 일을 할 수 있다는 그의 지론 때문이다.

직원을 그저 부려먹기만 한다면 직원들의 사기는 떨어질 것이고, 떨어진 사기만큼 손님들에게 제공되는 서비스의 질도 낮아질 것이다. 회사의 성장에 대한 직원들의 자발적 참여야말로 대표가 만들 수 있는 가장 이상적인 선순환 구조일 거라 그는 믿고 있다.

그는 '쉽게 번 돈은 진짜 내 돈이 아니다'라고 늘 웃으며 말한다. 그 말 안에는 밑바닥부터 내실을 다지며 부지런히 올라온 사람들에 대한 존중과 존경이 담겨 있다. 그에게 성공적인 부동산 투자란 본인이 해야 할 일을 열심히 하고, 주위 사람들과 그 기쁨을 나누다 보면 자연스럽게 따라오는 즐거움이자 보상이 아닐까?

경험의 힘으로 건물을 올린 건물주

류태현 디자이너님은 여느 직장인들처럼 대학 졸업 후 취직을 하며 사회생활을 시작했다. 그러나 그에게 회사 생활은 마치 맞지 않는 옷을 입은 것처럼 불편했고, 결국 즐거운 일을 하면서 살아 보겠다는 마음으로 30대 초반에 사표를 썼다. 그 후 작은 사무실을 얻어 자신이 가장 즐거워하는 일인 디자인과 아이디어를 만들어 내는 일에 몰두했다.

물론 하고 싶은 일만 해서는 당장의 생활이 어려웠기 때문에, 또 다른 즐거운 일을 만들어 보자는 생각으로 자신이 살고 있던 작은 집을 이용해 외국인들을 위한 에어비앤비 운영을 함께 시작했다. 회사를 다니지 않았기 때문에 경제적으로는 어려웠으나, 회사원에 비해 시간 활용이 자유로웠고 여러 나라를 다니며 다채로운 경험을 쌓을 수 있었다.

그렇게 새로운 무언가를 찾아다닌 끝에 건축과 실내 디자인 분야에서 남들과 다른 감각을 보여주게 되었고, 이를 바탕으로 자신이 디자인한 작품과 공간에 대한 별다른 홍보 없이도 사람들과 언론의 주목을 받는 데 성공했다.

그렇게 십 년이 넘는 기간 동안 자신을 찾아주는 고마운 사람들의 건물을 디자인하고, 매일 현장에서 밤을 지새웠다. 그러다 최근에는 그렇게 염원하던 자신의 건물을 자기 손으로 직접 지을 수 있게 되었다.

건축에 대한 경험이 있고, 해당 분야의 전문가인 것은 분명하지만 초기 자본이 거의 없었기 때문에 그 과정은 처참할 만큼 고되고 힘들었다. 한정된 예산으로 토지를 구입하기 위해 지역의 중개사무소를 일 년 넘게 찾아 다녔고, 자신이 직접 디자인하고 건설에 참여하면서 수많은 어려움에 부딪혔다. 건물을 짓는 과정에서 발생하는 민원이나 작은 사고 같은 문제들을 대신 해결해 줄 수 있는 사람이 없어 특히 힘들었다.

여러 나라를 여행한 탓인지 그와 얘기를 나눌 때면 그의 입에서는 생각지도 못한 흥미로운 아이디어가 툭툭 나오곤 한다. 여기서 우리는 경험의 중요성을 배울 수 있고, 힘든 상황을 지혜롭게 극복하는 젊은 투자자의 패기를 또한 엿볼 수 있다.

사람의 마음을 사로잡는 건물주

대학원 강의에서 나는 하재구 회장님을 처음 뵈었다. 그분은 '회장님'이라는 호칭에 어울리게 여러 사업체를 오랜 기간 성공적으로 운영하고 있었고, 해당 분야에 대한 경험과 지식의 깊이도 상당했다. 그렇게 사회적 지위가 높고 나이가 많음에도, 한참 어린 학생들과의 조별 과제나 발표를 마다하지 않고 오히려 더욱 적극적으로 임했다. 그의 이러한 열정과 소탈함, 성실성은 단순히 좋은 성적을 받는 것뿐만 아니라 리더로서 사람들을 끌어 모으는 동력으로 작용했다. 그 에너지에 압도되어 내가 한동안 그를 가까이하지 못했던 것도 사실이다.

대학원을 졸업하고 바쁜 나날을 보내면서 그에 대한 기억이 조금씩 희미해질 때쯤 나는 앞으로의 진로에 대해 진지하게 상담할 수 있는 인생 선배를 찾고 있었다. 그러다 문득 머릿속에 '하 회장님'이 떠올랐고, 나는 이 마음이 가시기 전에 얼른 그분께 전화를 걸었다.

돌이켜 보면 매우 무례한 행동이었다. 그러나 그만큼 절박했기에, 그런 용기가 났던 것 같다. 전화를 받은 그는 당황스러울 법도 한데 반가워하며 저녁 약속에 응했다.

약속 당일, 상사가 지시한 업무가 예정보다 늦게 끝나는 바람에 약속 시간을 지키지 못했다. 가방을 멘 채 헐레벌떡 역사 계단을 빠져나가자 웃는 낯으로 손을 흔드는 그의 모습이 보였다. 음식점 세 군데를 꼽으며 젊은 친구가 일하고 오느라 고생했을 테니, 내키는 곳으로 가자는 말도 덧붙였다.

그렇게 강남의 유명 중식당에서 식사를 하게 되었고, 그 자리에서 그는 인생 선배로서 업무에 대한 경험뿐만 아니라 삶에 대한 개인적인 이야기까지 들려줬다. 어떻게 인생을 살아왔는지, 사업은 어떻게 시작하게 됐는지, 어려움과 역경은 또 어떻게 이겨냈는지…. 나는 어린아이처럼 그의 얘기를 들었다.

시간이 많이 흐른 지금, 그날의 대화가 전부 기억나지는 않는다. 그러나 시간이 오래 지났어도 기억 속에서 절대 지워지지 않는 것이 있다. 그가 보여준 진심 어린 태도와 배려, 상대가 누구든 경청하려 하는 겸손한 자세가 바로 그것이다. 그의 성공은 어쩌면 예견되어 있었던 것일지도 모른다. 그는 투자자로서의 성공을 넘어 한 사람으로서의 성공을 거머쥔 나의 선배이자 스승이다.

11시와 12시 사이

우리는 먹고살기 위해 늘 삶에 끌려다니지만, 그런 삶 속에도 분명 희망은 있다. 잊고 있던 좋은 기억이 갑자기 머릿속에 휙, 하고 떠오른다든가, 어제 만난 사람과 어쩐지 진심이 통했다든가, 내가 베풀었던 작은 선행으로 누군가가 행복해졌다든가, 누군가의 가르침이 나로 하여금 보지 못했던 세상을 경험하게 해 줬다든가, 하는 그런 일들 말이다.

그런 면에서 부동산 관련 책을 쓴다는 건 가슴이 벅차오르는 일이다. 모두 놀러 가는 주말에도 홀로 도서관을 향하는 발끝과 가족들이 잠든 새벽까지 책을 쓰는 손끝, 책을 읽다가 잠들어 책상에 찧은 코끝에조차 행복이 깃들어 있다. 나는 이러한 행복은 결코 혼자서는 이룰 수 없고, 소중한 이들이 모여 함께 만들어 간다는 사실을 조금씩 깨달았다. 이제, 내가 겪은 행복을 이 책을 통해 여러분과 나누고자 한다.

늦게까지 글을 쓰면서 시계를 참 많이도 봤다. 하루는 문득 이런 생각이 들었다.

'긴 바늘과 짧은 바늘이 한 시간에 한 번은 만나는구나.'

1시 5분에 만나고, 또 2시 10분에 만나고, 3시 15분에 만나고… 그렇게 1시간 중 몇 초 남짓한 아주 짧은 시간에 두 바늘이 만나고 있었던 것이다. 더 흥미로운 건 11시에는 두 바늘이 절대 만나지 않는다는 사실! 11시 내내 못 만나다가 두 바늘이 완전히 만나게 되는 시간은 오직 12시. 그렇게 내일이 되어서야 그 둘은 완전히 만나게 되었던 것이다.

우리는 살면서 긴 바늘과 짧은 바늘이 만나는 그 찰나의 순간만큼도 보상받지 못할 때가 있다. 부동산 투자도 마찬가지다. 당연하게 수익을 내는가 하면 당연하게 수익을 내지 못하는 순간이 있다. 그 시간은 11시처럼 1시간 만에 금방 끝나지 않고 매우 길어질 수 있으며, 어느 누구도 '정확한' 예측을 할 수 없다. 그러나 그 인고의 시간을 농부가 농사를 짓듯 학습하고 경험하고 투자한다면 두 바늘이 만나게 되는 12시까지의 시간이 그리 외롭거나 고되지 않을 거라 확신한다.

나는 부동산을 공부하고, 그와 관련된 일을 하며 살고 있다. 부동산은 누군가에겐 밥벌이 수단일 수도 있고, 또 누군가에겐 꿈을 이루는 징검다리가 될 수도 있고, 또 누군가에겐 지친 하루 끝에 몸을 누일 수 있는 안식의 공간이 될 수도 있다. 강자와 약자, 부자와 빈자, 노인과 아이, 그 누구도 삶에서 '부동산'을 떼어놓을 수 없고 이는 내가 부동산에 대한 정보와 지식을 여러분과 나누지 않을 수 없는 까닭이기도 하다.

일확천금을 노리는 사냥꾼이 되지 말고, 우직한 농부가 되자.
그렇게 조금 더디더라도, 확실한 '수익'을 '수확'해 보자.

이것이 내가 함께 나누고 싶은 부동산 투자의 핵심이자 결론이다.

월급쟁이 조 과장은 어떻게 건물주가 됐을까?

부동산 투자, 농사짓듯 하라

1판 1쇄 인쇄 2023년 9월 1일
1판 1쇄 발행 2023년 9월 11일

지은이 조훈희
발행인 김형준

책임편집 박시현
마케팅 김재은
디자인 유어텍스트

발행처 체인지업북스
출판등록 2021년 1월 5일 제2021-000003호
주소 경기도 고양시 덕양구 삼송로 12, 805호
전화 02-6956-8977 **팩스** 02-6499-8977
이메일 change-up20@naver.com
홈페이지 www.changeuplibro.com

© 조훈희, 2023
ISBN 979-11-91378-40-5(13320)

체인지업북스는 내 삶을 변화시키는 책을 펴냅니다.